Klaus Vogel

Lebenslänglich Knastlehrer

Klaus Vogel

Lebenslänglich Knastlehrer

Meine Erfahrungen aus 20 Jahren Jugendgefängnis

riva

Bibliografische Information der Deutschen Nationalbibliothek:
Die Deutsche Nationalbibliothek verzeichnet diese Publikation in der Deutschen Nationalbibliografie; detaillierte bibliografische Daten sind im Internet über http://d-nb.de abrufbar.

Für Fragen und Anregungen:
knastlehrer@rivaverlag.de

1. Auflage 2014

ein Imprint der Münchner Verlagsgruppe GmbH,
Nymphenburger Straße 86
D-80636 München
Tel.: 089 651285-0
Fax: 089 652096

Redaktion: Antje Steinhäuser
Umschlaggestaltung: Maria Wittek
Umschlagabbildung: Harry Schmitger
Satz: Daniel Förster, Belgern
Druck: CPI books GmbH, Leck
Printed in Germany

ISBN Print: 978-3-86883-466-6
ISBN E-Book (PDF): 978-3-86413-617-7
ISBN E-Book (EPUB, Mobi) 978-3-86413-618-4

Inhalt

Vorbemerkung

Die Namen aller in diesem Buch genannten Inhaftierten sind anonymisiert und wurden so weit verändert, dass ein Erkennen der realen Personen nicht möglich ist. Die beschriebenen Straftaten sind zwar im Hinblick auf die Schwere der Delikte an die tatsächlichen Vorkommnisse angelehnt, wurden jedoch ebenfalls umfassend verfremdet, um die Resozialisierung der Gefangenen nach verbüßter Strafhaft nicht zu behindern.

Da sich meine beruflichen Erfahrungen auf den Männervollzug beziehen, müssen die besonderen Spezifika des Frauenvollzuges hier mangels persönlicher Kenntnis außen vor bleiben. Ich weiß aber durch Berichte von Kolleginnen und Kollegen aus Frauenhaftanstalten, dass Erkenntnisse und Botschaften dieses Buches dort vergleichbar gelten.

Teil 1: Einfahren[1] (1982–1989)

Schuld und Schule – Der Auftrag lautet Bildung und nicht Verurteilung

Robert und Georg waren gerade 17 Jahre alt, als sie 1982 meinen Schulraum betraten. Sie kamen als Untersuchungsgefangene, und sie gingen als verurteilte Vergewaltiger und Mörder. Gemeinsam hatten sie eine Mitschülerin zum Sex gezwungen, sie anschließend aus Panik vor Konsequenzen erwürgt und die Leiche in einem Müllcontainer entsorgt, weil ihnen keine bessere Lösung einfiel. Man nannte sie die Container-Mörder – für mich waren sie Schüler, mit denen ich gut arbeiten konnte. Nicht weil ich sie mochte, sondern weil sie sich auf den Unterricht einließen, weil sie etwas lernen wollten.

Mein Name ist Klaus Vogel, ich bin Lehrer im Justizvollzug, ein Knastlehrer, wie mancher sagt. Dass ich dieses Buch mit zwei jugendlichen Mördern beginne, hat einen einfachen Grund. Für Außenstehende wirkt es manchmal verstörend, dass ich mein Leben seit mehr als 30 Jahren damit verbringe, Untersuchungsgefangenen und verurteilten Straftätern Grammatik, Bruchrechnen und vieles mehr beizubringen, dass ich das mit einem skrupellosen Totschläger ebenso tue wie mit einem unverbesserlichen Taschendieb, einem Einbrecher oder auch einem Drogendealer.

Um das zu verstehen, ist es notwendig, sich meine Aufgabe vor Augen zu führen, den Auftrag, den ich habe. Mein Auftrag lautet: Jugendlichen und heranwachsenden Inhaftierten

---

1 »Einfahren« steht im Jargon der Gefangenen für den Haftantritt in der Justizvollzugsanstalt.

Bildung zu vermitteln, weil Bildung Chancen gewährt, auch ohne Straftaten im Leben klarzukommen.

Das aber funktioniert nur dann, wenn ich ihnen verständlich mache, dass Bildung im Leben wichtig ist. Dafür wiederum benötige ich eine Bereitschaft der anderen Seite, sich darauf einzulassen. Die entsteht nur, wenn ich überzeugend vermittle, dass ich ohne Vorbehalte an meine Aufgaben herangehe.

Ich könnte eine solche Arbeit nicht erfolgreich leisten, wenn ich mich von meinen persönlichen Wert- und Moralvorstellungen oder meiner moralischen Bewertung einer Tat dominieren ließe. Ich kann und darf nicht aus dem Blick verlieren, dass Menschen in bestimmten Lebenssituationen Fehler machen. Wohl kein Erwachsener kann von sich behaupten, dass er niemals Fehler begangen hat – auch wenn es sich nicht um Fehler handelte, die zu einer Haftstrafe führten.

Gerade bei Jugendlichen darf ein Fehler, auch ein schwerer, den sie mit 16 oder 17 Jahren begangen haben, nicht dazu führen, dass ihr restliches Leben, die nächsten vielleicht sechs Jahrzehnte, ein für alle Mal abgehakt ist. Das falsche Handeln darf auch nicht zur Folge haben, dass sie von ihrer Umwelt und auch von sich selbst grundsätzlich als minderwertig und als schlecht eingestuft werden – nach dem Motto: »Das ist ein schlechter Mensch bis zu seinem Tod, weil er mit 16 eine böse Tat begangen hat«.

Meine Überzeugung lautet, dass gerade Jugendliche in einem Lebensalter sind, in dem Persönlichkeitsentwicklung machbar und auch die Regel ist. Daher umfasst meine Arbeit auch nicht allein das Unterrichten von Schulwissen – ich muss mit den Inhaftierten eben genauso dringlich auch an ihrer Persönlichkeit arbeiten.

Das Vermitteln von Bildung in Kombination mit der Arbeit an der Persönlichkeitsentwicklung bedeutet im Umkehrschluss jedoch, dass mein Auftrag und der meiner Kollegen nicht darin besteht, die Inhaftierten zu bestrafen, ihnen immer wieder ihre vielleicht wirklich entsetzliche Tat vorzuwerfen, denn das allein ändert nicht nachhaltig die Persönlichkeit zum Guten. Die moralische Bewertung der Tat darf mich und meine Arbeit also nicht dominieren. Ohnehin ist die Bestrafung ja bereits erfolgt, bevor wir Lehrer ins Spiel kommen. Denn die Strafe wurde durch das Gericht ausgesprochen – im Umfang des Freiheitsentzugs und der Überantwortung in den »erzieherisch gestalteten« Jugendstrafvollzug.

Ich abstrahiere als pädagogischer Profi im Vollzug also grundsätzlich meine Empfindungen, auch auf moralischer Ebene. Ich lasse sie zu. Aber sie sind niemals der Maßstab meines Handelns, und sie dürfen es auch nicht sein. Wenn ich sage, dass Jugendliche sich ändern und weiterentwickeln können, dann schließe ich damit die Erwachsenen nicht aus. Denn bei meiner Arbeit gehe ich persönlich immer davon aus, dass Menschen sich ändern können – in ihrer Werteorientierung und in ihrer moralischen Dispositionierung.

Selbst wenn es im Fall von Robert und Georg eine Entscheidung gewesen ist, dieses Mädchen zu töten, dann heißt das nicht, dass diese beiden Menschen sich ein für alle Mal in ihrem Leben dafür entschieden haben, andere Menschen zu töten. Der Mord ist in diesem einen Fall so passiert. Aus welchen Gründen auch immer. Es muss jedoch nicht zwangsläufig bedeuten, dass es zu einer ähnlichen Folgetat kommt.

Wir wissen auch aus der Kriminologie, dass gerade Tötungsdelikte ein sehr geringes Rückfallrisiko aufweisen. Erst recht, wenn es sich um Beziehungstaten handelte.

Das heißt letztendlich also, und ich kann es nicht oft genug betonen: Es muss mir um den Jugendlichen gehen. Und darum, zu schauen, was an Persönlichkeitsentwicklung möglich ist beziehungsweise wie ich diese Entwicklung positiv beeinflussen kann. Sodass derjenige künftig nach seiner Haftentlassung ein Leben führt, das nicht wieder in solchen Straftaten mündet. Ganz eindeutig und klar haben wir eine Maxime als Orientierung, die besagt: »Du hast zwar eine schlimme Tat begangen, aber du bist deswegen noch kein schlimmer Mensch.«

Trotzdem, das gebe ich offen zu, gibt es Fälle, in denen ich aller Professionalität zum Trotz eine moralische Abwehrhaltung entwickle. Wenn man sich aus dem Inneren heraus bewusst macht, dass jemand zum Beispiel ein Kind getötet hat, nur um zu sehen, wie sich eine solche Tat anfühlt. Das Gleiche gilt, wenn die Tat eine sexuelle Komponente besitzt, was bei Robert und Georg ja so war. Es handelte sich daher sicher um einen Fall, bei dem ich innerlich sehr wohl eine gewisse Abwehrreaktion wahrgenommen habe. Die verabredete Tötung eines jungen Mädchens und der Gedanke, dass der tote Körper in einem Container deponiert wurde, erzeugte durchaus einen Widerstand, den es zu überwinden galt. Ich fragte mich, was in diesen jungen Menschen vorgehen muss, dass sie solche Taten begehen. Wie moralisch fehlgeleitet oder verwahrlost waren diese Jugendlichen?

Wobei der Begriff »Verwahrlosung« in diesem Fall keinesfalls auf die äußeren Umstände hinweisen soll. Beide Täter stammten nicht aus einem kriminell vorbelasteten Umfeld und waren zuvor in keinster Weise durch ein Fehlverhalten in Erscheinung getreten. Sie lebten in geordneten Familienverhältnissen, wuchsen nicht in einem sozialen Brennpunkt heran, sondern in einem gutbürgerlichen Vorstadtumfeld.

Bei diesem Fall kam aber noch ein weiterer Umstand hinzu, der den neutralen Umgang mit bestimmten Inhaftierten erschweren kann, ihn aber nicht erschweren darf. Die Container-Mörder sorgten zu jener Zeit für große Aufmerksamkeit, die Medien berichteten unentwegt davon. Denn als die beiden mutmaßlichen Täter die Untersuchungshaft in der Haftanstalt Moabit antraten, schien ihr Fall schon klar und war doch gleichzeitig immer noch ein großes Rätsel. Robert und Georg wurden zwar verdächtigt, ihre Mitschülerin ermordet zu haben – nur war das Mädchen zu dieser Zeit noch gar nicht gefunden worden.

Die beiden bestritten außerdem, wann immer sie gefragt wurden, dass sie mit dem Verschwinden oder einem Mord etwas zu tun hatten. Daran hielten sie bis zu ihrer späteren Verurteilung und darüber hinaus fest.

Ich selber habe die beiden also einerseits täglich in der Haftanstalt erlebt, gleichzeitig in der Zeitung den Fall verfolgt.

Als die Tote schließlich gefunden wurde, galten die beiden als einzige Verdächtige – es gab keine andere Person weit und breit, die mit der Tat in Verbindung gebracht wurde. Trotzdem behaupteten beide weiter steif und fest, dass sie damit nichts zu tun hatten.

Ich selbst war mir sicher, dass sie die Tat begangen hatten, dass sie schuldig waren – durch die vorliegenden Indizien und auch die mir bekannte Aktenlage. Also hatte ich es mit Menschen zu tun, die ich für Vergewaltiger und Mörder hielt, die gleichzeitig unverändert logen, weil sie weiter darauf beharrten, dass sie mit der Tat nichts zu tun hatten. Im Grunde also eine Kombination, die nicht unbedingt die Sympathie für solche Menschen fördert.

Auch ich bin gewiss kein Mensch, der es mag, wenn ihm ständig dreiste Lügen an den Kopf geworfen werden. Wobei man sagen muss, dass Robert und Georg niemals von sich aus von dem Fall redeten oder wortreich ihre Unschuld beteuerten. Sie beschränkten sich darauf zu sagen: »Ich war es nicht« oder »Ich habe damit nichts zu tun«, wenn sie gefragt wurden – gegenüber Mitgefangenen ebenso wie vor dem Gericht. Wahrscheinlich gelang es ihnen nur so, das Lügengebäude über Monate aufrechtzuerhalten: Weil sie nicht mehr erzählten, keine komplizierten Erklärungen entwickelten, gerieten sie auch nicht in Gefahr, sich in Widersprüche zu verstricken. Auch reagiert das menschliche Unterbewusstsein nicht selten mit verleugnenden Schutzmechanismen, die verhindern können, dass schlimme Taten in tiefste Verzweiflung stürzen: »Was nicht sein darf, kann nicht sein! Ich hatte einen Blackout. Solch ein schlimmer Mensch bin ich doch nicht.«

Aber zurück zu Aufgabe und Auftrag eines Lehrers im Vollzug. Auch diese Lügen und die Überzeugung, dass beide schuldig waren, waren nichts, das meine Arbeit beeinflusste und beeinflussen durfte. Es ging allein um die Frage, ob eine Zusammenarbeit mit diesen beiden Menschen möglich war. Und das war sie. Denn beide zeigten sich offen für mein Anliegen, ihren Bildungsstand zu verbessern, beide wollten lernen.

Auch das mag Außenstehenden auf den ersten Blick ungewöhnlich vorkommen: Zwei Jugendliche, die eben erst ein Mädchen ermordeten und die nun zum ersten Mal in ihrem Leben in einer Haftanstalt sitzen, wollen ausgerechnet ihre Schulbildung verbessern.

Doch das ist im Leben eines Lehrers im Justizvollzug nicht ungewöhnlich. Innerhalb der Mauern einer Haftanstalt unterscheiden sich nicht nur die Arbeitsbedingungen von denen eines Lehrers in einer herkömmlichen Schule. Auch der Bildungswunsch der Schüler unterscheidet sich auf diversen Ebenen von dem Jugendlicher »draußen«. Was nicht zuletzt dann zum Tragen kommt, wenn ein junger Mensch sich wie in diesem Fall mit einer schweren Beschuldigung oder einer schweren Schuld konfrontiert sieht.

Während viele Schüler sich im normalen Alltag nicht gerade um einen Schulbesuch reißen, sieht das in solchen Fällen anders aus. In der Haftanstalt Berlin-Moabit gilt üblicherweise – wie in vielen anderen Haftanstalten – ein 23-stündiger Einschluss. Die Häftlinge verbringen also 23 Stunden in ihren Zellen, haben eine Stunde Hofgang.

Während dieser 23 Stunden bleibt den Insassen nichts anderes übrig, als sich mit sich selbst zu beschäftigen. Für Menschen wie Robert und Georg bedeutet das, dass sie sich den überwiegenden Teil des Tages dem Grübeln über ihre Tat und die kommende Strafe widmen. Gerade solche Häftlinge sehnen sich daher nach jeder Möglichkeit der Ablenkung, nach jedem Augenblick, der sie von ihren belastenden Gedanken erlöst. Der Schulbesuch und die Beschäftigung mit den Aufgaben gehören dazu. Auch das war und ist mir immer bewusst, aber ich kann, will und darf auch das nicht verurteilen.

An dieser Stelle möchte ich eine weitere Frage beantworten, die häufig auftaucht. Bisher habe ich von den Tätern geredet, von meinem Auftrag, Bildung zu vermitteln. Aber was ist mit den Opfern? Wie geht ein Knastlehrer mit den Gedanken an die Opfer der Taten seiner Schüler um?

Ich gebe zu: Es fällt manchmal schwer, das Opfer auszublenden. Das war gerade bei den beiden Container-Mördern der Fall. Natürlich musste ich an die Tat denken, daran, dass ein junges Mädchen, das noch sein ganzes Leben vor sich hatte, vergewaltigt, erdrosselt und wie Abfall in einen Container geworfen wurde.

Doch so schwer es manchmal auch fällt, diese Opferthematik muss ich bei meiner Arbeit so gut es geht ausblenden. Dabei spreche ich allerdings für mich selbst und wie ich darüber denke beziehungsweise wie ich damit umgehe. Andere Kollegen und Kolleginnen gehen vielleicht sehr viel empfindsamer mit der Opferseite um als ich.

Aber: Ich nehme sehr wohl wahr, wie schrecklich es ist, dass ein junger Mensch durch so eine grauenvolle Tat sein Leben verliert. Ich nehme auch wahr, welche schlimmen Folgen das für die Familienangehörigen und Freunde mit sich bringt, deren Leben nie wieder so sein wird, wie es zuvor war.

Ich gehe aber eher so damit um, dass sich sage: Ich empfinde eine Betroffenheit für dieses junge Mädchen, das da sein Leben verloren hat, und für deren Familie. Ich will mich aber nicht fallen lassen in diese emotionale Betroffenheit – ich ganz persönlich. Was geschehen ist, das ist schrecklich. Aber ich weiß eben auch, dass jede Stunde, vielleicht jede Minute auf der Welt solch schlimme Dinge passieren, die ich weder beeinflussen noch verhindern kann. Ich bin nicht derjenige, der von dieser Tat am meisten betroffen ist. Es sind die Eltern, die Geschwister und Verwandten, die davon emotional besonders betroffen sind.

Mir ist eher wichtig zu fragen, wie es überhaupt passieren konnte, wie es zu einer solchen Tat kommen konnte. Warum sind diese Menschen so weit gegangen, dass sie schließlich einen anderen Menschen getötet haben? Gibt es da Muster, die dazu führen, dass Menschen so mit anderen umgehen? Das ist es, was mich als professionellen Pädagogen interessiert.

Was müssen wir bei unseren Jugendlichen als Profis – aber vielleicht auch als Elternteil und Erzieher – anders machen, damit es zu solchen Taten nicht kommt? Natürlich ist mir klar, dass wir derartige Taten nie vollkommen vermeiden können. Aber meine Arbeit soll unter anderem dazu beitragen, dass sich solche Fälle nicht wiederholen, dass in den Häftlingen ein neues und anderes Bewusstsein wächst und sie ihr Leben künftig in neue Bahnen lenken.

Dass ich gleich zu Beginn dieses Buches über den Umgang mit Schuld, Schuldigen und Opfern spreche, sollte allerdings nicht als Versuch einer Rechtfertigung missverstanden werden. Es geht mir einzig und allein darum, diese häufig gestellten Fragen möglichst schnell zu beantworten. Damit ich mich im Folgenden den vielen anderen Themen widmen kann, die meine Arbeit im Justizvollzug so besonders und interessant machen. Und damit ich die Probleme aufzeigen kann, mit denen man sich bei dieser Arbeit konfrontiert sieht.

Probleme, die sich über die Jahre und Jahrzehnte immer wieder geändert haben, die uns vor immer neue Herausforderungen stellten und immer noch stellen.

Denn allein die Tatsache, dass dieses Buch mit dem Fall Robert und Georg beginnt, ist schon ein Fingerzeig auf einige der großen Änderungen, die weit nach dem Jahr 1982 noch vor mir lagen.

Die beiden jugendlichen Mörder trugen nicht nur typisch deutsche Namen, sie waren auch deutsche Staatsbürger und sprachen die deutsche Sprache. Das war in den frühen Achtzigerjahren noch die Regel. Damals traf genau das auf den überwiegenden Teil der Untersuchungshäftlinge und auch der Strafgefangenen zu.

Kriminelle mit einem nicht deutschen Hintergrund waren eher die Ausnahme, stellten in gewissem Maße noch eine Randgruppe in dieser Randgruppe der Straftäter dar.

Wenn ich zurückdenke an die Zeit vor der Wende, dann lag das Verhältnis zwischen inhaftierten Deutschen und solchen nichtdeutscher Herkunft grob geschätzt bei zwei Dritteln Deutsche zu einem Drittel Nichtdeutsche. Heute ist es umgekehrt. Dieser Umkehrprozess hat sich über die Jahre kontinuierlich entwickelt.

Damit sind auf uns auch immer wieder neue Aufgabenstellungen zugekommen, die es zu bewältigen galt. Ging es damals zum Beispiel darum, einen Unterricht anbieten zu können, geht es heute auch um die Frage, wie man Bildung vermittelt, wenn der Häftling die deutsche Sprache kaum oder gar nicht versteht.

Aller Anfang kam unerwartet – Mein Weg in den Justizvollzug

Mein erster Arbeitstag als Lehrer im Knast war der 1. April 1982. Ich habe die Entscheidung für diesen Berufsweg nie bereut – ich habe diesen Weg aber auch nie geplant. Dass es so kam, beruhte eher auf einer Mischung aus Zufall und speziellen Umständen.

Bevor ich die Arbeit in der Untersuchungshaftanstalt in Berlin-Moabit aufnahm, arbeitete ich als Lehrer an einer Oberschule im Stadtteil Wilmersdorf, und zwar in einem befristeten Beschäftigungsverhältnis bis zum Schuljahresende. Ein Junglehrer, der kaum ein Jahr mit seinem zweiten Examen fertig war und der wegen seiner Fächerkombination zur damaligen Zeit keine optimale Anstellungsperspektive im öffentlichen Schulwesen Berlins hatte.

Deutsch, Geschichte, Sozialkunde – das war zu dieser Zeit eine kaum nachgefragte Fächerkombination. Es gab damals ohnehin ein Überangebot an Bewerbern für den Schuldienst in Berlin. Also wurden nicht alle Lehrer nach ihren Examina direkt übernommen. Wer wie ich nicht übernommen wurde, landete in einem zentralen Personalpool, und von dort aus wurde dann immer wieder geschaut, wo sich vielleicht doch ein gewisser Bedarf für einen der Lehrer mit seiner spezifischen Fächerkombination ergab.

Das führte dazu, dass ich am 4. Dezember 1981 ein Schreiben in meinem Briefkasten fand: Es handelte sich um ein Stellenangebot der Justizvollzugsanstalt Moabit. Man war zu dem Schluss gekommen, dass es genau auf mich passte – den exakten Grund dafür kenne ich allerdings bis heute nicht.

Es war auch keinesfalls so, dass sich bei mir augenblicklich Begeisterung einstellte. Zwar hörte sich das Angebot interessant an, doch es gab noch einige offene Fragen, die ich für mich erst einmal beantworten musste. Die eine Frage lautete natürlich, ob ich bei meinem bisherigen Ziel öffentlicher Schuldienst bleiben sollte. Damit verbunden war die nächste Frage: Wann würde es eine Chance geben, dort wirklich anzukommen? Es stand außer Frage, dass ich über kurz oder lang eine Festanstellung und Verbeamtung im öffentlichen Schuldienst bekommen würde. Wegen der Wartelisten hätte ich mich jedoch vermutlich noch eine Weile mit Zeit- und Vertretungsverträgen über Wasser halten müssen. Bis ich auf eine Beamtenstelle rücken könnte, würden vielleicht noch zwei Jahre vergehen.

Dass ich schlussendlich auf das Angebot aus Moabit einging, hatte unterschiedliche Gründe. Natürlich war es in der damaligen Situation nicht unwichtig, dass man mir eine berufliche Sicherheit und eine Arbeit bot, auf die ich sonst noch lange hätte warten müssen. Wie man so schön sagt: Der Spatz in der Hand ist besser als die Taube auf dem Dach. Warum warten auf ein Angebot der Verbeamtung im öffentlichen Dienst und nicht sofort einsteigen? Nicht zuletzt ging es auch um eine sichere Basis für die Gründung einer Familie – meine spätere Frau und ich dachten damals schon an eine gemeinsame Familienzukunft.

Außerdem klang die Beschreibung der Aufgaben in der Haftanstalt sehr reizvoll für mich – ging es doch nicht nur um die reine Arbeit als Lehrer, sondern um ein umfassendes Tätigkeitsfeld, das neben der Unterrichtsarbeit auch einen organisatorischen Teil sowie die Verantwortung für Freizeitveranstaltungen und einen kulturpädagogischen Teil umfasste. In meiner Oberschule war jeder Schultag wie der andere. Die kollegiale Harmonie war gering, jede Kollegin, jeder Kollege hetzte durch seinen Unterricht, die Pausenaufsichten und Konferenzen und war froh, danach schnell die Schule verlassen zu können. Der Zauber der Lehrertätigkeit hatte sich weiß Gott noch nicht eingestellt. Die Tätigkeit war für mich als Junglehrer anstrengend, die 20 bis 30 pubertierenden Schüler in den Klassen der Jahrgangsstufen 7 bis 10 waren es nicht weniger.

Auf der anderen Seite war mir sehr schnell auch bewusst, dass die angebotene Aufgabe in der Haftanstalt eine ziemliche Herausforderung darstellen würde. Ich habe mir damals natürlich Gedanken darüber gemacht, was es bedeutet, in einer so großen Haftanstalt mit einem hohen Sicherheitsstandard zu arbeiten.

Schließlich ging es nicht um irgendein Gefängnis, es ging um Moabit. Eine Justizvollzugsanstalt mit einer langen Geschichte und eine, die mit ihren mehr als 1000 Insassen zu den größten Deutschlands gehörte. Nicht zuletzt bestand damals in Moabit auch noch das, was allgemein die Terroristenabteilung genannt wurde. Das war nichts anderes als ein Hochsicherheitstrakt, in dem viele der bekannten RAF-Terroristen der damaligen Zeit saßen. Bis 1980 hatte hier auch Fritz Teufel fünf Jahre in Untersuchungshaft gesessen, bevor er überraschend ein Alibi vorlegte, das belegte, dass er nicht an der Entführung des CDU-Vorsitzenden Peter Lorenz beteiligt war. Ebenfalls bis 1980 saß Horst Mahler in Moabit, der als einer der Mitbegründer der Rote Armee Fraktion (RAF) galt.

Es war also insgesamt eine sehr massive und hoch gesicherte Anstalt mit Schwerkriminellen, natürlich nicht nur aus dem terroristischen Umfeld, sondern auch aus dem üblichen kriminellen Milieu. Da gab es vor meiner Zeit auch spektakuläre Fluchten, es kam zu einer Geiselnahme.

Damit möchte ich nur beschreiben, was der Begriff »Moabit« für mich und andere Menschen in Berlin in den frühen Achtzigerjahren bedeutete, und was es hieß, als Pädagoge und Lehrer in eine solche Anstalt zu gehen. Ich war damals schließlich erst knapp 30 Jahre alt und habe mir dreimal überlegt, ob ich das wirklich machen will.

Dazu sollte ich vielleicht noch eines sagen: Ich bin kein ängstlicher Typ. Angst war sicher nicht der hauptsächliche Beweggrund für meine Überlegungen und mein anfängliches Zögern. Ich würde das, was mich zu jener Zeit beschäftigte, eher unter dem Oberbegriff eines »bedenklichen« Gefühls zusammenfassen. Es ging um die Frage, was da wirklich auf mich zukommt, ob ich dem gewachsen bin. Damit meine ich vor allem die womöglich schwierigen Persönlichkeiten, mit denen ich konfrontiert sein würde. Ob ich mit diesen Menschen überhaupt arbeiten könnte und auch, ob die Arbeit, die man von mir erwartete, tatsächlich auch eine Relevanz, eine gewisse Bedeutung und auch eine Aussicht auf pädagogischen Erfolg haben könnte.

Moabit war zu jener Zeit außerdem keine zusammenhängende stark gesicherte Haftanstalt. Es handelte sich mehr um eine Art Konglomerat. Neben dem schon erwähnten Hochsicherheitstrakt gab es als weitere Bereiche die Untersuchungshaft und die Strafhaft. Insgesamt bestand Moabit zu der damaligen Zeit aus drei großen Teilhäusern. Teilanstalt 1 inklusive dem Hochsicherheitstrakt befand und befindet sich noch heute in einem sternförmigen Gebäude in der Mitte der Anstalt. Dann gab es noch Teilanstalt 2, in der die Jugendlichen und die kleine Schulabteilung untergebracht waren, und eben die Teilanstalt 3 als das Straferhaus. In Haus 3 blieben auch verurteilte Untersuchungsgefangene noch eine Weile als Strafgefangene – bei kürzeren Strafen zum Teil sogar bis zu ihrer Entlassung. Außerdem wurde das Haus als eine Art Durchgangsstation bis zur Verlegung in die Haftanstalt Tegel genutzt.

Man traf in Moabit also auf eine Mischung aus jugendlichen und erwachsenen Häftlingen, auf Untersuchungs- ebenso wie auf Strafgefangene. Gerade letztere Kombination bedeutet für die Arbeit als Lehrer einen deutlichen Unterschied. Bei den Strafgefangenen kann man sich auf eine gewisse Dauer der Zusammenarbeit einstellen. Bei Untersuchungsgefangenen dagegen weiß man nie, wie lange sie bleiben, wann es zur Verhandlung kommt und wie diese ausgeht, oder ob es dann noch zu Berufungsverfahren kommt. Aber dazu später mehr.

Es gab also eine ganze Reihe an Themen, mit denen ich mich beschäftigen musste, bevor ich meine Entscheidung traf. Ich habe mich aber nicht in ein stilles Kämmerlein gesetzt und über die Sache gegrübelt, ich habe vielmehr mit Menschen gesprochen, die sich mit der Thematik auskannten.

Dazu zählte neben dem Schulleiter der Justizvollzugsanstalt Tegel vor allem der Obersozialrat Fiege in Moabit. Der war zu jener Zeit dort Teilanstaltsleiter. Die Teilanstalt 3 von Herrn Fiege war der schon erwähnte Straferbereich – ein Wohngruppenvollzug für erwachsene Strafgefangene.

Herr Fiege war ein mittelgroßer und hagerer Mann von Ende 50. Vor allem aber war er ein sehr erfahrener Mann – vollzugserfahren und auch lebenserfahren.

Dass er den Titel Sozialrat trug, bedeutete, dass er ursprünglich aus einer sozialpädagogischen Ausbildung kam. Denn das ist die übliche Laufbahn des Sozialdienstes in Vollzugsanstalten: Sozialinspektor oder -inspektorin, Oberinspektor und Sozialrat, Obersozialrat. Vom Typ her war Fiege allerdings nicht der Typus Sozialarbeiter, sondern eher der Typ Bereichsleiter. Er war also das, was seine Funktion ausmachte: Ein Führungsmensch mit einer Verwaltungserfahrung, aber eben mit einem sozialpädagogischen Hintergrund.

Mit ihm habe ich mich zweimal getroffen und ausführlich über den Vollzug und die Aufgabenstellung gesprochen – dabei wurde mir endgültig klar, dass die Aufgabe mich sehr reizte. Unsere Begegnungen verliefen sehr sachlich. Genau das war es aber auch, was mir geholfen hat – weil er mir viele Informationen darüber gegeben hat, wie der Vollzug im Innenverhältnis funktioniert. Was die Aufgabenstellung im Detail ausmacht, nicht nur auf der Vollzugsseite, sondern auch auf der Seite der Verwaltung und der Organisationsabläufe einer solchen Anstalt.

Das ist ja auch das Typische am Vollzug, das Spezifikum: dass es nämlich nicht nur Pädagogik ist, sondern dass die Pädagogik immer eingebettet ist in ein administratorisches, organisatorisches und sicherheitsbezogenes System. Es ging bei den Gesprächen unter anderem auch darum, dass die Organisation der Anstalt sich nicht an meine Arbeit anzupassen hatte, sondern dass meine Aufgabe sich in das System einfügen musste.

Genau das hat Obersozialrat Fiege sehr gut transportieren und erläutern können. Dabei hatte ich aber nie das Gefühl, dass Sicherheit und Ordnung die Pädagogik in vollem Umfang dominieren. Ich bekam vielmehr eine Vorstellung von den Möglichkeiten dieser komplexen Aufgabenstellung. Es gab und gibt große Potenziale für die Pädagogik, wenn es gelingt, die verschiedenen Faktoren auszubalancieren.

Hinzu kamen weitere Punkte, die mich durchaus beeindruckten. Das galt vor allem auch für die Ganzheitlichkeit der Aufgabenstellung beziehungsweise der Aufgabenstellungen. Im Gespräch wurde sehr deutlich, dass es eben nicht allein um das Lehrersein ging, sondern darum, die Verantwortung für ein weit umfassenderes Angebot zu tragen. Zu meinen Aufgaben sollten eben zusätzlich auch die Freizeit- und Sportangebote für die Inhaftierten zählen, ich hatte drei Haus-Bibliotheken und auch Kulturveranstaltungen zu organisieren.

Nicht zuletzt erläuterte Herr Fiege mir überzeugend, dass entgegen dem ersten Eindruck einer Vollzugsanstalt bei dieser Arbeit immer der Mensch im Vordergrund stehen müsse, und dass der Mensch der entscheidende Faktor ist. Der Mensch, mit dem wir arbeiten – mit seinen Bedürfnissen, mit seinen Problemfeldern. Unser Auftrag lautete, diesen Menschen auf seine Entlassung vorzubereiten. Es musste also immer ein ausbalanciertes System von Angeboten und den Einschränkungen sein, die der Vollzug automatisch mit sich bringt.

Das alles zusammen war erst einmal eindrucksvoll von der Komplexität her. Gleichzeitig war es spannend und anregend. Die Gespräche haben mich durchaus motiviert und noch weiter überzeugt, dass diese Arbeit der richtige Schritt für mich sein könnte.

Trotzdem habe ich noch weiterüberlegt. Denn auch die andere Seite, die des Schuldienstes, hatte ja durchaus ihre nicht zu unterschätzenden Vorzüge. Der Schuldienst bringt schließlich formal gewisse Privilegien mit sich. Dazu zählen die Ferienzeiten oder auch die Arbeitszeiten, die an vielen Tagen nicht länger als bis 14 Uhr gehen – mal abgesehen natürlich von den Konferenzen am Nachmittag. Insgesamt gesehen verfügen Lehrkräfte im Schuldienst aber über eine relativ freie Zeiteinteilung an den Nachmittagen und auch abends. All das sah im Vollzug anders aus. Da gab es keine Ferien, keine Arbeitszeiten bis bestenfalls 14 Uhr.

Ich wägte also noch ein letztes Mal ab, ob ich darauf warten wollte, später in den Schuldienst mit seinem Ferienprivileg übernommen zu werden, oder ob ich mich auf das spannende vollzugliche Angebot einlasse.

Sicher wäre mancher vielleicht auf die Idee kommen, die Arbeit im Vollzug anzutreten und sie sozusagen als Lückenbüßer zu nutzen. Also nur so lange dort zu arbeiten, bis sich doch noch eine Chance im Schuldienst auftat.

Das war für mich jedoch nie ein Thema, ich war nicht an einer Übergangslösung interessiert. Es ging um entweder ... oder – entweder ich mache das eine, oder ich mache das andere aus voller Überzeugung und auch dauerhaft. Ich habe mich dann sehr bewusst für den Weg des Lehrers im Vollzug entschieden. Nicht trotz der Komplexität der Aufgabe, sondern genau wegen dieser Komplexität und der vielen Facetten, die damit verbunden sind.

Dieser Weg vom Eingang des Stellenangebotes am 4. Dezember 1981 bis zu meiner endgültigen Entscheidung nahm knapp zwei Wochen in Anspruch. Am 17. Dezember habe ich schließlich meine förmliche Bewerbung aufgesetzt. Mit der Schreibmaschine – der Computer war damals ja noch eine recht exotische Maschine.

Eine Kopie des Textes findet sich heute noch in meinen Unterlagen:

»Unter Bezugnahme auf Ihr Schreiben vom 4. Dezember 1981 möchte ich mich hiermit um die Einstellung als Lehrer in der Untersuchungshaft- und Aufnahmeanstalt Moabit bewerben.

...

Die in Ihrer Stellenausschreibung genannten organisatorischen und freizeitpädagogischen Tätigkeiten reizen mich neben der Unterrichtsarbeit in besonderem Maße.

...

Für eine Einstellung könnte ich Ihnen ab dem 1. Februar 1982 zur Verfügung stehen.«

Am Ende wurde es nicht der 1. Februar, sondern der 1. April. Doch ab diesem Zeitpunkt sollte ich der einzige hauptberufliche Lehrer der Justizvollzugsanstalt Moabit sein.

Allein auf weiter Flur stand ich zu meinem Glück trotzdem nicht. Obersozialrat Fiege beließ es nicht bei den Gesprächen, die wir im Vorfeld geführt hatten. Er wurde quasi mein Mentor und hat mich in meiner Anfangszeit immer wieder beraten und unterstützt – nicht nur über ein paar Wochen, sondern über die ersten beiden Jahre hinweg.

Durch ihn habe ich die gesamten vollzuglichen Abläufe erst richtig kennengelernt, konnte meinen Platz in dem System finden. Er hat es mir auf eine selbstverständliche Art und Weise vermittelt, die wir heute meist *learning by doing* nennen.

Mein privates Umfeld hat damals mit sehr viel Verständnis auf meine Entscheidung reagiert. Das galt vor allem für meine damalige Lebensgefährtin und spätere Frau. Genau wie ich war sie nicht ängstlich und befürchtete daher auch nicht, dass ich womöglich Opfer körperlicher Gewalt durch Gefangene werden könnte. Meine Frau – wir heirateten 1983 – war frei von solchen Befürchtungen. Sie hat damals selbst noch auf Lehramt studiert und erkannte ebenfalls sofort die Vorzüge der Arbeit und der Aufgabe. Zum einen ging es dabei natürlich um die feste und dauerhafte Beschäftigung – eine sofortige Verbeamtung ist ja für eine sich gerade gründende Familie sehr attraktiv und stellt einen handfesten Vorteil dar. Zum anderen sah sie, dass es sich nicht einfach um irgendeinen festen Job handelte, sondern um eine tatsächlich auch sehr interessante Arbeit.

Was ich zu diesem Zeitpunkt allerdings noch nicht wusste, war, dass meine Eltern damals sehr wohl Vorbehalte und auch Ängste hatten. Mein Vater ist zwar schon lange verstorben, aber meine mittlerweile 88 Jahre alte Mutter berichtet mir immer wieder von ihren Erinnerungen. Erst letztens brach es aus ihr heraus, dass sie damals wirklich besorgt war, als sie von meinen Plänen erfuhr und als es dann tatsächlich losging. Sie befürchtete, dass mir »hinter Gittern« etwas passieren würde.

Ins kalte Wasser – Lernen und Lehren in Berlin-Moabit

Wie sehr sich meine Arbeit von der eines Lehrers im Schuldienst unterscheiden würde, zeigte sich schon, bevor ich überhaupt eine Unterrichtsstunde geben konnte. Denn als ich an diesem 1. April 1982 – einem Donnerstag – in Moabit ankam, konnte ich natürlich nicht einfach mit einem freundlichen Gruß durch die Eingangstür schlendern und mich auf den Weg zu meinem Büro machen.

Zunächst einmal stand ich vor einem verschlossenen Tor – der massiven Eingangspforte mit ihren schusssicheren Glasscheiben, die sich nur dann öffnete, wenn die Sicherheitsvorkehrungen und das dafür geschulte Personal es zuließen. Auch ich musste mich als Neuer erst einmal ausweisen, bevor ich eingelassen und von dem Personalsachbearbeiter abgeholt wurde.

Danach absolvierte ich eine streng geregelte Prozedur, bevor ich den Anstaltsschlüssel in Empfang nehmen konnte, der mir innerhalb der Gebäude die vielen standardmäßig verschlossenen Türen zwischen den einzelnen Bereichen öffnete. Zu dieser Prozedur zählte auch eine Belehrung, wie mit dem Schlüssel umzugehen sei. Dass man ihn natürlich nicht verlieren soll, ihn auch niemals den Gefangenen aushändigen darf – und dass man die Schlüssel immer am Körper zu tragen hat, damit die Gefangenen sich von einem herumliegenden Schlüssel keinen Abdruck machen können, um einen Nachschlüssel herzustellen.

Ergänzt wurde das durch eine Belehrung über Datenschutz im Umgang mit den Gefangenen. Als Lehrer und Vertrauensperson gelangte man schließlich auch an persönliche Informationen, über die man außerhalb der Anstaltsmauern nicht reden durfte.

Eine weitere Belehrung handelte davon, dass man keine Geschäfte mit den Gefangenen machen durfte. Dann wurde mir noch der dreistufige Alarmplan ausgehändigt, der das richtige Verhalten in kritischen Situationen beschrieb.

Erst als das alles erledigt war, erhielt ich meinen eigenen Anstaltsschlüssel und damit verbunden auch die Berechtigung, ihn benutzen zu dürfen.

Im Anschluss fand noch ein viertelstündiges Begrüßungsgespräch mit dem Anstaltsleiter Besener, einem Zigarre rauchenden Juristen und Regierungsdirektor, wie er im Buche steht, und seinem Stellvertreter statt. Beide wünschten mir Erfolg für die schwierige Aufgabe, und dann war ich drinnen. Drinnen in einer Haftanstalt, die nicht nur durch ihre Geschichte oder die schiere Größe außergewöhnlich war, sondern die sich auch durch eine ganz besondere Atmosphäre auszeichnete – damals wie heute.

Moabit ist über den Zeitraum eines ganzen Jahrhunderts gewachsen, wurde im Krieg teilweise zerstört und wiederaufgebaut. Das bedeutete auch, dass man regelmäßig durch Bereiche kam, in denen sich die unterschiedlichen Zeiten der Historie dieser Anstalt spiegelten.

Ein Teil von Moabit bestand immer noch aus dem ursprünglichen Altbaubereich, der zwischen 1877 und 1881 als Königliches Untersuchungsgefängnis erbaut wurde. Diese historischen Bauten waren über die Jahrzehnte immer wieder ergänzt worden durch Erweiterungsbauten. Gerade in Richtung der Verwaltungsgebäude, die nach den Zerstörungen des Zweiten Weltkrieges neu aufgebaut und ergänzt wurden.

Das heißt, man wechselte beim Weg durch die Anstalt immer zwischen den reinen Altbauten und der Bausubstanz aus den Sechziger- und Siebzigerjahren.

Dieser Wechsel ist es auch, den ich heute noch von meinem ersten Tag in Erinnerung habe. Ich befand mich während des

Aufnahmerituals und des Begrüßungsgesprächs in einem Verwaltungsgebäude im schlichten und sachlichen Stil der Siebzigerjahre. Von dort aus führte mein Weg durch einen ebenfalls damals sehr modernen zweistöckigen Übergang mit Glasbausteinen rechts und links. Der Boden gebohnert, alles glatt und schlicht. An den Wänden hingen von den Gefangenen gemalte Bilder – entstanden in Kreativworkshops und Freizeitgruppen. Moderner Strafvollzug in Reinkultur sozusagen.

Doch am Ende des Ganges stand ich vor einer Tür – und auf der anderen Seite trat ich in eine vollkommen andere Welt. Ich schloss die Tür mit meinem gerade erst in Empfang genommenen Schlüssel auf und befand mich mitten im Altbaubereich, in der belebten Welt eines klassischen Gefängnisbaus.

Ein Bau mit offenen Etagen über vier Stockwerke, mit eisernen Treppen, die diese Etagen verbinden. So wie man es aus zahllosen Filmen kennt. Auf den Etagen dicke, in verschiedenen Grüntönen gestrichene Wände, in die Haftraumtüren aus massivem Holz eingelassen sind. Ein Dunkelgrün im oberen, ein blasses Lindgrün im unteren Bereich. Im Grunde war das Grün überall, auch an den Metalltreppengeländern mit ihren hölzernen Handläufen.

Vor allem aber war hier von der Sterilität und Stille des Neubautraktes nichts mehr zu spüren. Überall auf den Gängen waren Menschen unterwegs. Dazu eine Geräuschkulisse, die man mit etwas Zurückhaltung als durchaus lebhaft bezeichnen konnte. Aus allen Richtungen laute Stimmen. Inhaftierte, die sich miteinander unterhielten, Personal, das Anweisungen gab. Das alles untermalt von rhythmischem Geklapper massiver Gefängnisschlüssel, von denen die Kollegen immer zwei bis drei an ihrem Bund trugen. Es hallte, was den hohen Lärmpegel noch zusätzlich verstärkte.

Dann waren da noch die Gerüche – typische Gerüche zum Beispiel von der Essensausgabe mittags. Denn das Essen wurde aus großen Behältern direkt an die Türen der Zellen gebracht. Natürlich gab es auch Dreck und Schmutz als Überbleibsel der Essensausgaben oder Ähnlichem.

Das also sollte die Welt sein, in der ich mich von nun an zu bewegen hatte. Denn mein Weg führte mich nicht weiter in ein anderes Gebäude. Ich war dort angekommen, wo ich den überwiegenden Teil der nächsten Jahre meines Lebens verbringen sollte. In diesem echten und sehr realen Vollzugsbereich befand sich auch mein Dienstbereich. Ich war also sofort mittendrin im prallen Anstaltsleben.

Jedenfalls in Bezug auf die Umgebung. Denn bevor ich mich auf meine neue und eigentliche Aufgabe konzentrieren konnte, lagen noch andere Dinge vor mir. Genauer gesagt der Einweisungsplan. Der sah vor, dass ich die Anstalt kennenlernen musste. Ich wurde also anfangs immer wieder bestimmten Mitarbeitern und deren Aufgabenbereichen zugeordnet, um möglichst viele Abläufe zu erleben und zu verinnerlichen. Bei diesem Plan ging es nicht um kurze Stippvisiten, die ich zu absolvieren hatte, sondern um jeweils komplette Schichten, die ich in einzelnen Bereichen verbrachte.

Ein wesentlicher Punkt bestand darin, dass ich die Aufgaben des uniformierten AVDs, des Allgemeinen Vollzugsdienstes, aber auch des Sozialdienstes und des Psychologischen Dienstes gründlich verstehen musste. Also der Mitarbeiter und Mitarbeiterinnen, die für die Sicherheit, die Versorgung und Beaufsichtigung sowie die organisatorischen Abläufe, aber auch für die persönlichen Bedürfnisse der Gefangenen zuständig sind, in ihrem familiären und sozialen Umfeld. Da war ich bei den Kollegen aus dem Untersuchungshaftbereich und auch aus dem Strafhaftbereich, weil sich die Aufgaben doch sehr unterscheiden.

Alle drei Teilanstalten und damit die Teilanstaltsleiter waren ebenfalls mit Terminen in dem Einweisungsplan vertreten, dazu die Sicherheitsabteilung und die verschiedenen Betriebe und Werkstätten, in denen die Inhaftierten arbeiten konnten.

Im Grunde war ich in fast allen Bereichen der Anstalt zumindest mehrere Stunden. Das gilt auch für den Zugangsbereich, um zu sehen, wie die Gefangenen in der Anstalt ankommen, welches Prozedere sie bei ihrer Aufnahme durchlaufen: Durchsuchung mit Auskleiden, medizinisch-hygienische Erstuntersuchung, Dokumentation und Sicherung der persönlichen Habe, Belehrungen.

Eine weitere Station war die Vollzugsgeschäftsstelle, die jeden Gefangenen datenmäßig erfasst. Dort werden auch Strafzeitberechnungen durchgeführt, sodass feststeht, von wann bis wann jemand in der Haft zu bleiben hat. Diese Daten werden dann in den sogenannten Gefangenenpersonalakten festgehalten. Heute wird das natürlich mit Computern gemacht, damals allerdings noch mit Aktenordnern. Zwar standen schon 1982 ein paar ziemlich große Computer herum, die funktionierten allerdings nicht richtig.

Ich hatte aber nicht nur die Bereiche und Abteilungen kennenzulernen, auch die einzelnen Schichten an sich standen auf meinem Einweisungsplan. Das heißt, dass ich zusätzlich eine Spätdienstschicht zu begleiten hatte, die von 14 bis 22 Uhr geht, und eine Nachtdienstschicht, die am späten Abend um 22 Uhr beginnt und frühmorgens um 6 Uhr endet. Denn ich sollte auch diese Abläufe und die Atmosphäre kennen. Es handelte sich also um ein recht umfassendes und umfangreiches Einweisungsprogramm.

Parallel dazu bezog ich auch bereits mein Büro, in dem ich mich in der verbleibenden Zeit einrichtete und mir erste Gedanken zu meiner Arbeit machen konnte.

Dort gab es einen Schreibtisch, ein Telefon – das war es im Grunde auch schon. Mal abgesehen von den massiven Gitterstäben vor den Fenstern, an die ich mich erst eine Zeit lang gewöhnen musste. Aber zumindest konnte ich in dem Büro meine Sachen lassen. Und ich konnte Kontakt zu den Mitarbeitern aufnehmen. Also den zwei Schulbeamten, die für die Zuführung und Abführung der Gefangen zu den Schulterminen zuständig waren.

Anfänglich arbeiteten übrigens ausschließlich männliche Bedienstete im Allgemeinen Vollzugsdienst. Es gab zwar Frauen im Verwaltungsdienst und im Sozialdienst, aber nicht im allgemeinen uniformierten Vollzugsdienst, der ständig im Kontakt mit den Inhaftierten stand – das blieb so bis kurz vor der Wende am Ende der Achtzigerjahre.

Als meine Aufgaben im Rahmen des Einweisungsplans abgeschlossen waren, konnte ich mich dann endlich vollständig auf meine kommende Arbeit und mein kleines Reich konzentrieren. Das bestand aus einem kleinen Schulbereich in der Teilanstalt 2 und setzte sich neben meinem Büro aus einem Schulraum sowie einem Bedienstetenzimmer zusammen.

Der Schulraum war ein Schulraum wie man ihn kennt. Mit Stühlen und Bänken, aber nicht so, wie man sich vielleicht beim Gedanken an Gefängnismauern eine Schulklasse aus dem 19. Jahrhundert vorstellt. Es war ein länglicher Raum von etwa zwölf mal fünf Metern, hell und freundlich in einem Gelbton gestrichen. An den Wänden standen drei Materialschränke, und es gab natürlich einen Lehrerschreibtisch. Dazu eine übliche Schiebeklapptafel an der hinteren Wand und ein Dutzend Schülertische. Die waren bei mir nie nach altem Muster in Reihen hinter- und nebeneinander aufgestellt. Ich habe die Tischgruppierung schon damals immer zu einem Rechteck oder zu einer kompletten geschlossenen Tafel zusammengestellt.

Als es dann wirklich losging, hatte man mich zwar in die vielen Facetten des Anstaltsalltags eingewiesen – trotzdem begann ich im Grunde bei null. Denn dass man mir die Stelle angeboten hatte, bedeutete nicht, dass da einfach nur einer von mehreren Posten frei geworden war. Es war vielmehr so, dass es im Grunde nur mich gab. Als ich anfing, arbeiteten in Moabit keine anderen hauptamtlichen Lehrkräfte mehr. Meine Vorgängerin strebte nach höheren Würden, war schon vor geraumer Zeit an eine andere Dienststelle gegangen. Die Schulbeamten erzählten mir mit Vergnügen, dass der letzte »richtige« Anstaltslehrer sich immer nach seinem Unterrichtsvormittag erst einmal ein Mittagsschläfchen auf der Büro-Couch gegönnt hätte. Damals musste ich darüber auch lachen. Heute weiß ich, wie richtig er das gemacht hat, und beneide ihn darum, dass er das damals tun konnte.

Es gab also niemanden, der in den Tagen und Wochen zuvor Unterricht mit den Gefangenen durchgeführt hatte. Ich übernahm einen leeren Klassenraum, der in der Zeit, bevor ich anfing, meistens verwaist war. Das Einzige, was es damals im Hinblick auf Bildungsangebote gab, waren Honorarkräfte, die immer wieder mal auf Stundenbasis kamen. Aber es gab keinen wirklichen Unterricht – auch nicht für die schulpflichtigen Jugendlichen. Ich war also wirklich allein und auf mich gestellt in meiner Funktion als neuer Lehrer und Leiter des sogenannten Pädagogischen Dienstes. Im Grunde gab es zwei Neustarts: Einerseits habe ich selbst neu angefangen und dazu andererseits gleichzeitig einen Neuanfang für die gesamte Vollzugsanstalt durchgeführt.

Also machte ich mich daran, ein Organisations- und Lehrplankonzept auszuarbeiten, und bald darauf begann der Schulalltag, der sich nicht nur durch die Umgebung und ihre vielen Regeln vom Alltag einer herkömmlichen Schule unterschied. Das begann schon damit, dass die Schüler sich nicht einfach selbstständig durch die Anstalt bewegen konnten, um dann im Klassenraum zu erscheinen.

Der Alltag sah vielmehr so aus, dass ich mich morgens vor dem Unterrichtsbeginn erst mal in meinem Schulbereich bei den Kollegen des Schulaufsichtsdienstes meldete. Denen teilte ich dann mit, dass der Unterricht pünktlich beginnt, und dass sie nun die Schüler zusammenholen sollten. Die warteten ja nicht alle in einem Raum, sondern waren im ganzen Haus verteilt auf den verschiedenen Etagen untergebracht. Daraufhin machten die Mitarbeiter ein paar Anrufe und die Schüler wurden runtergeschickt.

Schon dabei ging es dann auch um eine gute Administration: Wir müssen im Vollzug immer genau wissen, wo welcher Gefangene sich gerade befindet. Es muss immer ein Überblick und eine Vollständigkeit im Hinblick auf die Anwesenheit der Gefangenen in der Anstalt gewährleistet sein. Nicht dass sich einer verdrückt und nicht mehr auffindbar war. Deswegen nutzten wir damals spezielle Tafeln für jeden Schulkurs. So ein Kurs hatte zunächst nicht mehr als zwölf Teilnehmer, und auf einer langen Tafel steckten Namensschilder für jeden Gefangenen, der dem Schulkurs zugeordnet war. Wenn die morgens abgeholt wurden, haben die Kollegen vom Aufsichtsdienst penibel registriert, wer tatsächlich angekommen war und wer fehlte, weil er vielleicht krank war oder einen Gerichtstermin hatte.

Stand die Vollständigkeit der Gruppe fest, ging es rein in den Klassenraum und mein Unterricht begann.

Ich selbst bin dabei von Beginn an über meine eigentlichen Studienfächer hinausgegangen, das war unumgänglich. Was ich angeboten habe, würde ich vielmehr als einen ganzheitlichen Unterricht bezeichnen, der sich am Bedarf orientierte. Es gab Deutschunterricht, Matheunterricht, Weltkundeunterricht, Geografie, Geschichte, Technik, Naturwissenschaften und so weiter.

Die Einarbeitung in Unterrichtsinhalte, die nicht zum Themenkreis der eigenen Studienfächer gehören, fällt Lehrerinnen und Lehrern grundsätzlich nicht schwer, wenn es um basale Zielgruppenarbeit und allgemeinbildende Inhalte geht. Diese professionelle Kompetenz wird erwartet, und ich habe das auch stets gern getan, weil es den eigenen Wissenshorizont immer wieder auffrischt und erweitert.

Der Schwerpunkt meiner Arbeit lag allerdings nicht darauf, mit den Schülern gezielt auf ein übergeordnetes Ziel wie einen Hauptschulabschluss hinzuarbeiten. Das war einfach nicht möglich – wegen der spezifischen Eigenschaften des Vollzugs: Bei den jungen Untersuchungsgefangenen, für die ich hauptsächlich zuständig war, muss man einfach berücksichtigen, dass die Verweilzeiten sehr unterschiedlich sind und sich meine Arbeit darauf einzustellen hatte. Es befanden sich zwar auch Jungs darunter, die mit einem Alter von 14 bis 17 Jahren noch schulpflichtig waren. Die wurden aber vielleicht schon nach drei bis vier Wochen in die Freiheit entlassen – weil die Anklage nicht so schwer war oder weil keine Flucht-, Wiederholungs- oder Verdunkelungsgefahr bestand.

Andere, wie die beiden Container-Mörder, blieben bis zu einem Jahr oder mehr in der U-Haft. Weil die Anklage so schwer wog oder weil sich an das erstinstanzliche Urteil eine Berufung oder eine Revision anschloss.

Was im Schulbereich stattfand, war daher kein Dorfschul- oder Hauptschulunterricht im klassischen Sinne. Es handelte sich vielmehr um einen kursorischen Fächerunterricht. Ein Unterricht also, der aus kleinen und überschaubaren inhaltlichen Einheiten zusammengestellt war, sodass in vierwöchigen Abschnitten immer ein abgeschlossenes »Paket« behandelt wurde. Ein Hintergrund dafür bestand auch darin, dass jemand, der als Nachrücker in so einen Schulkurs kam, wenig Schwierigkeiten bekommen sollte, um in das laufende Thema einzusteigen – und dass mit dem Fortschreiten des Kurses dann nach vier Wochen wieder ein neues Thema folgte.

Diese Themenblöcke wurden außerdem inhaltlich so aufgebaut, dass jeder Schüler auch unabhängig von seinen schulischen Grundlagen einsteigen konnte. Es war also egal, ob derjenige bei seinem letzten Schulbesuch in Freiheit die siebte oder vielleicht die neunte Klasse besucht hatte.

Solche Insassen, die es zumindest in der Schule bis zur Neunten gebracht hatten, waren ohnehin nicht das eigentliche Problem bei meiner Arbeit. Schwieriger war es, ein Angebot zu gestalten, das auch die ganz schwachen Schüler berücksichtigte, die vielleicht von einer Sonderschule kamen.

Daher bestand mein Ansatz darin, dass ich das jeweilige Thema basal, also ohne bestimmte Voraussetzungen, einführte und dann geschaut habe, wie weit wir mit der Klasse in einem Zeitraum von drei bis vier Wochen kamen.

Die Themen habe ich vor diesem Hintergrund immer auch etwas breiter angelegt. Ich erinnere mich zum Bespiel an das Unterrichtsthema »Atomenergie« aus dem weltkundlichen Bereich. Da ging es darum, dass die Schüler sich zunächst mal mit den verschiedenen Grundlagen beschäftigten – wie sieht ein Atom aus, woraus besteht ein Atom, woraus besteht ein Molekül? Weiter ging es dann mit Themen rund um die Atomenergie: Welche technischen Anwendungen gibt es für die Atomenergie? Wie sieht es mit den Risiken und Gefahren der Atomenergie aus? Das führte bis hin zu historischen Aspekten wie der Bedeutung der Atomwaffen.

Beim Mathematikunterricht wiederum ging es immer darum, die Rechenverfahren auf dem Niveau der Jugendlichen zu vermitteln. Da musste man dann natürlich zunächst einmal schauen, wo der Einzelne steht.

Auch hier habe mich auf die basalen Mathematikthemen fokussiert: Geometrie, Umgang mit Maßeinheiten, dazu die Grundrechenarten und die Bruchrechnung sichern.

All das ließ sich in einer Gruppe abarbeiten, auch wenn immer mal wieder einer neu dazukam. Gleichzeitig musste ich natürlich immer auf den Einzelnen, seine Vorkenntnisse und seine Fähigkeiten schauen und meinen Unterricht gegebenenfalls anpassen. Wenn wir gerade über Flächenberechnungen gesprochen haben, der Neuzugang aber die Grundrechenarten nicht beherrschte, dann musste ich dem natürlich separate Aufgaben geben, damit er mit meiner Unterstützung sicherer wurde. Das Gleiche galt für den Deutschunterricht.

Damit die Gefangenen am Unterricht überhaupt teilnehmen konnten, wurden ihnen alle Arbeitsmaterialien zur Verfügung gestellt, die sie benötigten – nicht weniger, aber auch nicht mehr. Sie bekamen einen Ordner, in den sie ihre Blätter heften konnten, dazu einen Kugelschreiber, Bleistift und Anspitzer, einen Radiergummi sowie ein Geodreieck als Lineal. Nicht zu vergessen das Schreibpapier – kariert und liniert – und auch mal ein Vokabelheft. Das alles können sie damals wie heute auf die Hafträume mitnehmen, um ihre Hausaufgaben zu machen – denn die müssen sie selbstverständlich auch erledigen.

Schulbücher dagegen gab es immer nur im Ausnahmefall. Die überlassen wir ihnen ungern. Solche Fachbücher sind teuer, und es ist bekannt, dass die Häftlinge mit ihnen nicht sehr pfleglich umgehen.

Ich bin daher bald dazu übergegangen, Seiten der Bücher zu kopieren und den Schülern die Kopien zu geben. Das ist ein wesentlich geringerer Kostenfaktor, als wenn man regelmäßig Fachbücher neu kaufen muss.

Und dass sich Schüler solche Bücher von ihrem eigenen Geld kaufen, darauf konnte man ohnehin nicht vertrauen. Es war schon immer so, dass sie das Geld, das sie in der Haft bekommen, lieber für ihren privaten Bedarf ausgeben.

Das führt zu einer weiteren Besonderheit der Bildungsmaßnahmen in der Haftanstalt, die den meisten Menschen nicht bewusst oder bekannt ist: Die Gefangenen verdienen auch durch ihre Teilnahme an den Schulmaßnahmen Geld. Diese Teilnahme wird gewertet wie die Arbeitsmaßnahmen, mit denen ja ebenfalls Geld verdient wird: Die sogenannte Ausbildungsbeihilfe, auch für Schüler, liegt aktuell je nach Vergütungsgruppe im Bereich zwischen etwas mehr als acht und knapp elf Euro – am Tag.

Bei den jüngsten Gefangenen, die noch schulpflichtig sind, könnten wir natürlich sagen: Ihr müsst ohnehin zur Schule und wir bezahlen euch nicht. Damit würden wir sie deutlich schlechter stellen als den Rest der Gefangenen. Ungleichbehandlung ist aber ein wichtiges pädagogisches Thema, auf das Jugendliche – zu Recht – allergisch reagieren.

Auf der anderen Seite würden diejenigen, die nicht mehr schulpflichtig sind, nicht am Unterricht teilnehmen, wenn sie kein Geld bekämen oder wir sie schlechter als bei einer Arbeitsmaßnahme bezahlen würden.

Erwähnen sollte ich in diesem Zusammenhang noch, dass die monatlichen Einkünfte beziehungsweise Bezüge den Gefangenen nicht in vollem Umfang einfach ausgezahlt und in Form von Geldscheinen in die Hand geblättert werden.

Die Bezüge werden vielmehr aufgeteilt und auf zwei Konten gebucht – das Hausgeldkonto und das Eigengeldkonto.

Drei Siebtel der Gesamtsumme werden auf das Hausgeldkonto eingezahlt. Mit diesem Geld kann der Gefangene dann in gewissen Abständen Dinge für den alltäglichen Gebrauch erstehen. Die Kosten für Kaffee, Tabak oder Lebensmittel werden ebenso von diesem Konto abgebucht wie das Telefongeld oder der Preis des Friseurbesuchs.

Der größere Teil der Einkünfte – nämlich vier Siebtel – werden auf dem sogenannten Eigengeldkonto verbucht. Mit diesem Geld sollen eventuelle Schulden abgebaut oder auch Kosten beglichen werden, die durch die Straftaten verursacht wurden.

Daneben unterscheidet sich die Bezahlung der Gefangenen noch in einem weiteren wichtigen Punkt von den Gepflogenheiten der freien Wirtschaft: Bezahlt wird allein die tatsächliche Teilnahme an einem Angebot, nicht die bloße Einwilligung. Bleibt also ein Jugendlicher dem Unterricht an einem Tag oder auch nur stundenweise fern, dann wird er dafür auch nicht bezahlt. Gleiches gilt für Unterricht, der ausfallen muss, wenn die Lehrkräfte nicht zur Verfügung stehen und nicht vertreten werden können, etwa im Krankheitsfall oder während längerer Personalurlaube. Solche Schwankungen bei der Anwesenheit kommen immer wieder einmal vor, denn nicht zuletzt ist die Motivation der Gefangenen nicht an jedem Tag gleich. Mal hat jemand einfach keine Lust, mal sind auch Stimmungsschwankungen vor dem Hintergrund der doch belastenden Tat oder des Umfeldes der Haftanstalt der Grund für das Fernbleiben vom Unterricht. Der finanzielle Abzug und das dadurch reduzierte Monatssalär tun weh. Im Umkehrschluss kann der Reiz des Geldes aber auch Leistung im Unterricht steigern: Denn besonders zuverlässige und konstant gute Arbeit wird mit bis zu 25 Prozent Leistungszulage belohnt.

Schreiben im Knien – Die Geschichte der »Knastlehrer«

Im Schuljahr 2012/2013 zählte das Statistische Bundesamt in Deutschland 797 257 hauptberufliche Lehrkräfte. 179 348 lehrten an den Gymnasien, 193 474 waren an den Grundschulen beschäftigt.

Die Zahl der Lehrer im Justizvollzug liegt heute bei etwa 440. Diese Zahlen machen deutlich, dass wir »Knastlehrer« eine Randgruppe sind und die Pädagogik im Justizvollzug eine Sonderstellung innerhalb des Bildungssystems einnimmt.

Trotzdem haben wir in den vergangenen Jahrzehnten viel erreicht und konnten zahllose Missstände ausmerzen. Ich selber bin zwar mittlerweile nun auch schon drei Jahrzehnte in diesem Bereich beschäftigt, doch vor mir gab es bereits einige äußerst engagierte Kollegen, die sich in der Bundesarbeitsgemeinschaft der Lehrerinnen und Lehrer im Justizvollzug (BAG) zusammenschlossen, um auf ihre Arbeit, ihre Schwierigkeiten aufmerksam zu machen.

Die Umstände, die ich zu Beginn meiner Dienstzeit 1982 in Moabit vorfand, waren daher auch nicht mehr mit dem zu vergleichen, was noch zwei Jahrzehnte zuvor Standard war.

Wie diese Umstände wirklich aussahen, das hat einmal der BAG-Ehrenvorsitzende Herbert Hilkenbach zusammengefasst, als er an die Gründung der Arbeitsgemeinschaft im Jahr 1958 erinnerte. Damals arbeiteten in der gesamten Bundesrepublik nur 79 Lehrer hauptberuflich im Strafvollzug – und die hatten mit Umständen zu kämpfen, die heute kaum mehr vorstellbar sind. Was jedoch in gleichem Maße auch für die Häftlinge galt, mit denen sie arbeiten sollten.

Als ich in Moabit anfing, gab es, wie ich schon erwähnte, immerhin einen ausgestatteten Schulraum. Wie es dagegen in den späten Fünfziger- und auch noch in den Sechzigerjahren des vergangenen Jahrhunderts aussah, das hat Hilkenbach so zusammengefasst: »Die Gefangenen rückten mit ihren Hockern aus den Zellen in den Unterrichtsraum, der auch als Freizeitraum genutzt wurde. Tische gab es nicht. Bei schriftlichen Aufgaben knieten die Gefangenen vor ihren Hockern. Da Kugelschreiber nicht im Besitz der Gefangenen sein durften – sie hätten für Tätowierungen missbraucht werden können –, wurden Bleistifte ausgeteilt, die nach dem Unterricht wieder eingesammelt werden mussten. Das Gleiche galt für Papier. Außer einigen veralteten Landkarten gab es keinerlei Lehr- oder Lernmittel.«

Insgesamt stand der Unterricht der Gefangenen nicht im Mittelpunkt des Interesses in den Haftanstalten. Für die Lehrer wiederum bedeutete das auch, dass sie häufig vollkommen auf sich allein gestellt arbeiteten. Zu Kollegen in anderen Anstalten hatten sie keinerlei Kontakt – häufig wussten sie nicht einmal von deren Existenz. Sie mussten also auf eigene Faust und nach ihren eigenen Vorstellungen ihr eigenes Arbeitsgebiet schaffen. Dabei wurden sie häufig auch von den übrigen Bediensteten nicht sehr geschätzt. Immer wieder kam es zu internen Reibereien, mancher Lehrer zog sich daraufhin weiter in seine kleine Nische zurück und verbrachte den überwiegenden Teil seiner Arbeitszeit in der Gefangenenbücherei oder auch im Freizeitbereich. Was seinerzeit allerdings nicht mit Kopfschütteln quittiert wurde – vielmehr entsprach das damals genau dem, was man auch an offizieller Stelle von einem Lehrer im Justizvollzug erwartete.

Noch 1961 fand sich der folgende Satz zum Aufgabenbereich des Lehrers in der Dienst- und Vollzugsordnung: »Der Lehrer verwaltet in der Regel die Gefangenenbücherei und wirkt bei der Freizeitgestaltung und der Pflege der Musik und des Chorgesangs mit.«

Der Unterricht selbst spielte also nur eine untergeordnete Rolle. Er wurde in der Regel in der Freizeit der Gefangenen erteilt. Das galt auch für den Jugendvollzug, obwohl gleichzeitig der Unterricht für jeden Gefangenen im Jugendstrafvollzug Pflicht war. Was wiederum auf der anderen Seite bedeutete, dass der Lehrer jeden Gefangenen in den Unterricht aufnehmen musste.

Die damaligen Klassen – falls man überhaupt von Klassen sprechen konnte – bestanden nicht selten aus Gruppen von 40 bis 60 Gefangenen, wie Hilkenbach sich erinnert. Alter oder auch Vorbildung spielten bei der Zusammensetzung dieser Gruppen keine Rolle, die Zusammensetzung änderte sich zudem ständig durch Verlegung von Gefangenen oder auch Neuzugänge.

Aber das wurde als zweit- oder drittrangig erachtet. Es wurde eineinhalb Stunden über Themen aus der Gemeinschafts- oder Wirtschaftskunde gesprochen, dreimal an einem Vormittag wechselte dabei die Gruppe – aber immerhin waren damit die Vorschriften erfüllt.

Während man also mit dem Thema Bildung eher gleichgültig umging, wurde den Gefangenen eine auch nur leicht gleichgültige Haltung nicht zugebilligt. Ihr Verhalten war ihnen bis ins Detail vorgeschrieben. Auch dazu hat Herbert Hilkenbach eine Hausordnung aus den frühen Sechzigerjahren ausgegraben, die das sehr anschaulich beschreibt: »Du hast am Unterricht aktiv teilzunehmen und deine Gedanken auf das jeweilige behandelte Thema zu richten. Wird dir eine Frage oder Aufgabe gestellt, so ist sie vernünftig und sachlich zu beantworten. Schriftliche Übungen sind mit Sorgfalt anzufertigen und mit Namensangaben versehen abzugeben. Denke immer daran, dass auch der Unterricht als Ziel hat, dir zu helfen und daran mitzuwirken, deine Persönlichkeit in gutem Sinne zu entwickeln, auch wenn du altersmäßig über die gesetzliche Schulpflicht hinausgewachsen sein solltest.«

Das waren schöne Worte, die jedoch in keinem Verhältnis zum erzieherischen Wert der sogenannten Unterrichtsveranstaltungen standen.

Liest man in dieser Hausordnung, dass schriftliche Übungen oder Hausaufgaben »mit Sorgfalt anzufertigen« sind, dann sollte man sich auch noch einen weiteren Umstand vor Augen führen.

Die Zelle eines Gefangenen war nicht darauf ausgerichtet, ihm problemloses Lesen oder Studieren zu ermöglichen. Noch in den Fünfzigerjahren bestand die Beleuchtung einer solchen Zelle aus einer einzigen 15-Watt-Glühbirne, die kaum mehr als ein schummriges Licht erzeugte. Heute ist nur schwer vorstellbar, wie viel Mühe und Überzeugungskraft es die damaligen Lehrer kostete, bis sie den Austausch gegen eine hellere 40-Watt-Glühbirne erreichten – allerdings erst nach ausführlichen Begründungen ihres Wunsches, und dann auch nur für jene Gefangenen, die sich in einer handwerklichen Ausbildung befanden.

Bis die allerdings diese Chancen bekamen, hatten sie in der Haftanstalt schon einiges erleben müssen. Denn nicht nur im Hinblick auf den Umgang mit Bildung, sondern auch im Strafvollzug an sich hat sich von der Mitte des 20. Jahrhunderts bis heute eine Menge verändert. Ganz wesentlich dabei ist der Umstand, dass man auch noch in den Fünfzigerjahren daran festhielt, dass sich der erzieherische Aspekt im Jungendvollzug am besten durch ein System erreichen ließ, das man Stufenvollzug nannte.

Dieser Stufenvollzug bestand aus drei oder vier Stufen, wobei jedes Aufrücken in eine weitere Stufe gewisse Erleichterungen oder Vergünstigungen mit sich brachte – die sich der Inhaftierte durch sein Wohlverhalten in der vorherigen und härteren Stufen erst einmal verdienen musste.

Welcher Gedanke hinter diesem System stand, auch dazu hat Herbert Hilkenbach Schriftliches aus jener Zeit ausfindig gemacht: »Der Stufenvollzug soll den jungen Gefangenen die Mittel in die Hand geben, sich durch eigene Betätigung selbst für ihr künftiges Leben stark zu machen. Dieses setzt zunächst voraus, dass sie sich Klarheit über ihre Lage schaffen, in die sie durch eigenes Versagen geraten sind. Deshalb wird der Anfangsvollzug in Stille und Zurückgezogenheit durchgeführt und schließt alles aus, was von obigem Ziel ablenken könnte.«

Was diese Worte so geschickt beschreiben beziehungsweise umschreiben, lässt sich auch in einem Wort zusammenfassen:

Einzelhaft. Was den Gefangenen während ihrer dreimonatigen sogenannten Anfangshaft die Möglichkeit zur Besinnung und zum Überdenken ihrer Lage geben sollte, das war eben der Aufenthalt in einer kargen Einzelzelle. Verbunden mit den Auflagen, dass sie keinen Besuch bekommen durften, dass sie – außer zu Weihnachten – keine Pakete in Empfang nehmen durften und ihnen auch keine anderen Erleichterungen oder Vergünstigungen zugesprochen wurden.

Um in die nächste Stufe des Stufenvollzugs aufzurücken, mussten die Inhaftierten diese Phase ohne Murren hinter sich bringen und sie mussten dabei zeigen, »dass innere und äußere Haltung des jungen Gefangenen erkennen lassen, durch Arbeit an sich selbst das Wollen des Jugendstrafvollzuges zu unterstützen«.

Das bedeutete auch, dass etwa die Teilnahme an Freizeitveranstaltungen nur nach und nach gewährt wurde. Kontakte mit der Außenwelt wurden ebenfalls nur sukzessive dann wieder zugelassen, wenn der Gefangene das gewünschte oder geforderte Verhalten an den Tag legte. Der Stufenvollzug stellte daher im Grunde nichts anderes dar als einen sogenannten Vergünstigungsvollzug.

Zeigte der Gefangene sich jedoch nicht in gewünschtem Maße bereit zur Besserung, dann griff das Gegenteil des Vergünstigungsvollzugs in Form des Disziplinierungsmittels Arrest.

Der stellte sich vor einem halben Jahrhundert ebenfalls noch deutlich anders als heute dar. In einem Arrestraum gab es eine Gitterzelle, verschärfter Arrest wiederum beinhaltete etwa den Entzug des Bettes beziehungsweise des Bettlagers. Außerdem konnte – außer an jedem dritten Tag – auch die Essensration geschmälert werden.

Um sich in einer solchen Arrestsituation wiederzufinden, musste ein Gefangener zudem gar nicht mal besonders aufmüpfig sein oder sich wirklich nennenswertes Fehlverhalten leisten. Einige Tage Arrest standen schon an, wenn sich jemand weigerte, seine Haare auf eine bestimmte und vorgegebene Länge schneiden zu lassen.

Dieser Ausflug in die Zu- und Umstände jener Zeit soll vor allem verdeutlichen, welchen geringen Stellenwert ein Wort wie Pädagogik damals im Vollzug besaß.

Das war jedoch nicht nur ein Überbleibsel längst vergangener Zeiten. Noch zu Beginn der Sechzigerjahre war dieser Umgang mit den Inhaftierten durchaus gewollt und entsprach der Zeit. So sprach auf der Bundestagung der noch jungen BAG im Jahr 1960 ein Ministerialdirigent das Grußwort. Dabei erklärte er, dass man statt von Erziehungsvollzug lieber von Besserungsvollzug sprechen sollte. Die Strafe sei in erster Linie eine Vergeltung für die Tat in Form eines Entzuges der Freiheit. Die Aufgabe des Gefangenen bestehe vor allem darin, diese Strafe als Buße anzunehmen und an sich selbst zu arbeiten. Die wichtigste Aufgabe des Lehrers sei es, ihm dabei zu helfen. Ein Begriff wie »Erziehungsvollzug« dürfe nicht die Begriffe »Schuld«, »Sühne« und »Abschreckung« überdecken. Das ist bekanntlich ein Themenbereich, über den auch heute noch diskutiert wird.

Doch nicht nur die Meinung Außenstehender zum Thema Pädagogik im Vollzug waren äußerst unterschiedlich – auch innerhalb der Gruppe der Lehrer bestand nicht von Anfang an vollkommenes Einvernehmen.

Daher sah sich die Bundesvereinigung der Lehrerinnen und Lehrer im Justizvollzug lange Zeit mit Problemen von unterschiedlichen Seiten konfrontiert. Von außen blickten Ministerien und Verbände kritisch bis misstrauisch auf die BAG. Nicht zuletzt, weil man befürchtete oder zumindest vermutete, da habe sich eine Interessengemeinschaft gebildet, die Forderungen und Wünsche ihres Berufsstandes nun verstärkt durchdrücken wollte, nicht zuletzt in Besoldungsfragen.

Auf der anderen Seite aber war die Gruppe dieser Lehrer über lange Jahre keine vollkommene Einheit, die immer an einem Strang zog. Einzelne Lehrer vertraten durchaus recht unterschiedliche Ansichten und Vorstellungen darüber, wie denn das Berufsbild des Lehrers im Vollzug auszusehen hätte und was genau die Aufgaben in den Anstalten ausmachte.

Es galt also nicht nur, nach außen hin auf Verbesserungen der Arbeitsbedingungen und des eigenen Stellenwertes zu drängen. Es mussten auch innerhalb der Gruppe die vielen unterschiedlichen Auffassungen unter einen Hut gebracht werden – nicht zuletzt um auch nach außen hin geschlossen auftreten zu können.

Wer damals hoffte, dass sich dieses Ziel in einem überschaubaren Zeitrahmen erreichen ließ, der musste bald erkennen, dass er sich irrte. Obwohl es sich bei den in der Arbeitsgemeinschaft zusammengeschlossenen Lehrern um eine vergleichsweise kleine Gruppe handelte, sollte es Jahre dauern, bis man sich schließlich auf eine gemeinsame Aussage einigte.

Wie gesagt wurde die BAG im Jahr 1958 gegründet. Doch eine Einigung wurde erst mehr als ein Jahrzehnt später erzielt. Auf der Bundestagung des Jahres 1971 erarbeitete man erstmals eine Beschreibung des Berufsbildes des Lehrers im Strafvollzug und verabschiedete sie. Darin wurde unter anderem festgehalten und dargestellt, wie die Aufgabengebiete eines solchen Lehrers im Detail aussehen.

Dem Katalog dieser Aufgabengebiete wurde außerdem eine grundsätzliche Aussage vorangestellt, die endgültig deutlich machen sollte, dass der Lehrer im Vollzug kein Lückenbüßer ist, sondern dass er einen Auftrag hat, und dass ihm damit ein unverzichtbarer Platz im erziehungs- und behandlungsorientierten Strafvollzug zufällt.

Die Aussage lautete: »Der hauptamtliche Lehrer im Justizvollzug trägt durch Bildungsangebote und Förderung sozialer

Lernprozesse dazu bei, dass der Gefangene in sozialer Verantwortung ein Leben ohne Straftaten führen kann. Die Ergebnisse der Persönlichkeitsforschung und die Grundsätze der Jugend- und Erwachsenenbildung werden berücksichtigt.

Die Aufgaben des Lehrers im Einzelfall ergeben sich aus der Struktur und besonderen Aufgabenstellung der jeweiligen Anstalt.«

Dieser Beschluss aus dem Jahr 1971 war für die Pädagogik im Vollzug nicht weniger als ein Meilenstein. Danach konnte man sich auf die vielen weiteren wichtigen Aspekte konzentrieren – wozu unter anderem die Fortbildung der Lehrer zählte oder auch die Entwicklung neuer Formen des Vollzuges unter Berücksichtigung von Erkenntnissen aus Wissenschaft und Praxis.

Nicht zuletzt wurde mit der BAG und ihrem nun wirklich geeinten Auftreten auch eine wichtige Anlaufstelle für Lehrer geschaffen, die neu ihre Aufgabe im Vollzug antraten. Wie auch ich waren die nachrückenden Kolleginnen und Kollegen mit einem vollkommen neuen Aufgabengebiet konfrontiert, für dessen Bewältigung sie Unterstützung am Anfang sehr gut brauchen konnten. Wohl kein Lehrer ist ohne weitere Informationen auf die pädagogischen Besonderheiten und auch nicht auf die an Vorschriften reiche Verwaltung vorbereitet.

Lange Zeit blieb der Lehrer nicht nur im Hinblick auf seine wirklichen Aufgaben unvorbereitet, er wurde auch bestenfalls von den übrigen Kollegen der Anstalt ein wenig mit dem Vollzugsleben vertraut gemacht. Dann saß er allein an seinem Arbeitsplatz und musste sich allein erarbeiten, wie er damit umgehen und was er daraus machen sollte.

Das änderte sich merklich, seit ab dem Jahr 1976 einwöchige Grundseminare angeboten wurden, mit denen sich die in ihrem künftigen Betätigungsfeld vollkommen unerfahrenen Lehrer gezielt auf ihre kommenden Aufgaben vorbereiten konnten.

Welchen Zuwachs an Stellenwert die schulische Bildung im Justizvollzug in den Sechziger- bis Neunzigerjahren in den alten Bundesländern erfahren hatte, wird auch dadurch deutlich, dass Vollzugslehrer wie Herbert Hilkenbach bis in Anstaltsleitungsfunktionen oder in Aufsichtsfunktionen der Justizministerien aufstiegen. In den Jahren vor seinem Ruhestand war Hilkenbach Anstaltsleiter der Jugendanstalt in Herford.

Wenn aus Büchern Waffen werden – Gefahren, die – nicht nur – in Bibliotheken lauern

Freizeit – das ist sicher kein Begriff, der auf Anhieb mit dem Justizvollzug in Verbindung gebracht wird. Doch für mich als Lehrer in Moabit war gerade der Freizeitbereich durchaus ein Thema, das einen großen Teil meiner Arbeit in den Achtzigerjahren ausmachte. Wie ich berichtete, werden Bildungsmaßnahmen im schulischen Bereich immer auch dadurch erschwert, dass ständig eine gewisse Fluktuation bei den Gefangenen herrscht, und dass die Verweilzeiten im Rahmen der Untersuchungshaft sehr ungewiss sind.

Daher ging es für mich als leitendem Pädagogen auch darum, Angebote im Freizeitbereich zu machen. Die aber sind ebenfalls nur sehr begrenzt möglich, weil sie vor dem Hintergrund der allgemeinen Sicherheitsanforderungen zu sehen sind und weil gerade in Moabit auch die besonders hohe Sicherheitsstufe dieser Anstalt berücksichtigt werden musste.

Trotz solcher Vorgaben und Einschränkungen zählte eines immer zum Freizeitangebot: Sport. Daran sind die Gefangenen sehr interessiert – beim Sport ist die Nachfrage fast ausnahmslos größer als das Angebot.

Wir hatten das Angebot allerdings nicht sehr spezifiziert: Es gab Sportgruppen, und es blieb den Übungsleitern überlassen, was dort schwerpunktmäßig stattfand.

Ausgeübt haben die Inhaftierten vor allem Leichtathletik. Und zwar alle Disziplinen – vom Laufen über Weitsprung und Hochsprung bis zum Kugelstoßen, das auch vor dem Hintergrund der Sicherheitsanforderungen durchaus vertretbar war. Im Grunde wurde alles angeboten, was sich auf den Höfen in begrenztem Umfang tun ließ. Im Sommer gehörten dazu natürlich auf den Freiflächen Ballsportarten wie Fußball, Handball, Basketball. Im Winter war die Sache etwas schwieriger, weil die große Anstalt Moabit über keine richtige Sporthalle verfügte. Es gab nur in der Teilanstalt 3 unter dem Dach einen Raum, der als Kultursaal genutzt wurde und daneben eben auch für den Sport. Dort wurde dann Volleyball gespielt oder etwas Soft-Tennis. Zu jener Zeit auch sehr viel Tischtennis – das war in den Achtzigerjahren noch ein großes Thema. Geleitet beziehungsweise begleitet wurde das Angebot von damals vier sogenannten Sportübungsleitern aus dem Vollzugsdienst. Dabei handelte es sich um Dienstkleidungsträger, die einerseits die dafür übliche Ausbildung absolviert hatten und sich zusätzlich mit einem Trainerschein spezialisierten.

Was es natürlich auch immer gab, war Krafttraining. In einem Bereich gab es dafür Hanteln und die entsprechenden Trainingsmaschinen. Ergometer oder Fahrradtrainer für Ausdauerübungen standen ebenfalls zur Verfügung. Solche Trainingsräume für den Kraftsport sind im Vollzug durchaus üblich.

Das alles hört sich für Außenstehende vielleicht auf den ersten Blick selbstverständlich und wenig problematisch an. Doch dass ich hier von den Sportangeboten berichte, hat natürlich einen Grund. Gerade die Sportaktivitäten sind ein Punkt, der in einer Anstalt die Zusammenhänge zwischen Organisation und Sicherheit aufzeigt.

Solche Sportaktivitäten müssen gut organisiert und geregelt sein. Die Gefangenen können nicht einfach sagen: Ich geh da heute mal hin, ich mache dies, ich mache das – je nachdem, worauf ich gerade Lust habe. Vielmehr müssen sie die Teilnahme an einer derartigen Gruppenaktivität erst beantragen. Zu diesem Zweck gibt es ein Antragsformular im Format DIN A5, das im Grunde für alles verwendet wird. Darauf schreibt der Gefangene seine Kennnummer – Buchnummer, wie wir sagen –, dann noch seinen Namen und die Angabe, wo genau er untergebracht ist. Dazu kommt ergänzend die Erklärung zum Grund dieses Antrags. Etwa: »Ich beantrage die Teilnahme an der Tischtennisgruppe« oder welcher Sportgruppe auch immer. Diese Gruppe findet dann in der Regel einmal die Woche statt. Je nachdem, wo gerade Platz frei ist, wird der Antragsteller in eine Sportgruppe aufgenommen.

Das alles geschieht natürlich nur, wenn gewisse Bedingungen erfüllt sind. Und bei diesen Bedingungen geht es auch um Umstände, die über die Person des Gefangenen an sich hinausgehen. Im Untersuchungshaftbereich zum Beispiel gibt es immer wieder Trennungsauflagen für Gefangene. Dabei handelt es sich um richterliche Anordnungen, die Begegnungen zwischen bestimmten Gefangenen untersagen. Diese Auflagen dienen dazu, dass eventuelle Mittäter nicht in einer solchen Sportgruppe zusammenkommen und dabei vielleicht Absprachen treffen können – dass sie etwa ihre Aussagen abstimmen und damit eventuell die kommende Verhandlung beeinträchtigen.

Das ist ein weiteres Beispiel für die administrativen Anforderungen im Vollzug. Die natürlich auch dann zum Tragen kommen, wenn es um die Aufnahme in Schulmaßnahmen geht. Dürfen sich zwei Gefangene wegen richterlicher Auflagen nicht begegnen, dann gilt das für den Sport wie für den Unterricht. Für die erwähnten Container-Mörder Robert und Georg traf genau das zu. Beide wurden von mir unterrichtet, aber sie standen niemals gemeinsam vor mir. Es war durchaus klar, dass sie sich irgendwann – vermutlich vor ihrer Verhaftung – darauf geeinigt hatten, dass sie die Tat leugnen wollten. Die Trennung aber sollte verhindern, dass sie gemeinsam eine detailliertere Strategie entwickeln konnten als das Bestreiten der Tat in Form kurzer und einfach einzuprägender Äußerungen wie »Ich war es nicht, ich bin unschuldig«.

Gerade bei diesen beiden hatte die Trennung aber auch noch weiter reichende Folgen – vor allem im Fall von Georg. Dass er sich nun allein mit der Tat auseinandersetzen musste und keinen Kontakt mehr zu Robert pflegen durfte, führte bei ihm zu einer regelrechten Depression. Auch ich erlebte, wie antriebslos er nach einer Weile war. Bis Georg schließlich häufig gar nicht mehr am Unterricht oder an den Freizeitangeboten teilnahm, sondern die Tage weinend in seinem Haftraum verbrachte. Robert konnte sich mit der Trennung besser arrangieren, wirkte psychisch stabiler.

Aber zurück zum Vollzug. Ein weiteres Beispiel für die Freizeitangebote war und ist die Ausleihe von Büchern aus der Gefangenenbibliothek. In Moabit gab es für jede Einzelne der drei Teilanstalten jeweils direkt vor Ort eine separate eigene Hausbibliothek. Dort konnten sich die Gefangenen Literatur bestellen – allerdings nur über ausgedruckte Kataloge. Anders als in einer üblichen Bibliothek durften sie nicht selbst durch die Räume streifen und mit eigenen Händen aus den Regalen Bücher heraussuchen. Denn auch wenn ich hier Begriffe wie »Freizeit« oder »Sportangebot« verwende, darf eines nicht vergessen werden: Die Bewegungsfreiheit eines Gefangenen ist immer erheblich eingeschränkt, weil man weiß, dass Freiheiten manchmal zur Umsetzung unerwünschter Pläne genutzt werden – wie sich in Moabit auch vor dem Hintergrund des Bibliotheksangebotes zeigen sollte.

Grundsätzlich war die Nachfrage nach Büchern in Moabit zu jener Zeit recht hoch. Es gab immer einen Vollzugsbeamten, der dazu abgestellt war, die Bibliothek zu betreuen. Er kümmerte sich also um die Neuaufnahme von Titeln, die Aussonderung von Büchern und um den Ablauf des Leihverkehrs insgesamt. Als Unterstützung standen ihm in der Regel zwei oder drei Gefangenenarbeiter zur Seite. Das galt nicht nur damals in Moabit, es ist vielmehr ein Standardverfahren. Auf jeden Fall hatten sie alle zusammen damals gut zu tun.

Wir hatten an dieser Stelle in Moabit übrigens eine Zeit lang prominente Unterstützung: Bubi Scholz arbeitete während seiner Haftzeit vorübergehend in der Bibliothek. Der Name mag jüngeren Lesern kein Begriff sein, im Nachkriegsdeutschland der Fünfziger- und auch noch der Sechzigerjahre war Scholz jedoch eine landesweite Berühmtheit. Als Boxer wurde er mehrfach deutscher Meister und Europameister, blieb auch nach seinem Rücktritt vom Profisport noch sehr populär – ähnlich wie heute ein Henry Maske.

Am 22. Juli 1984 jedoch erschoss der damals bereits 54-Jährige im Vollrausch versehentlich seine Ehefrau durch die Tür der Gästetoilette. Das Gericht verurteilte ihn wegen fahrlässiger Tötung zu drei Jahren Haftstrafe, die er in der Anstalt Moabit verbrachte. Scholz erwies sich während dieser Zeit als ein eher zurückhaltender Mensch, der keinerlei Vorteile aus seiner früheren Prominenz zu ziehen versuchte. Ich erinnere mich nicht mehr an sehr viel im Zusammenhang mit Bubi Scholz. Woran ich mich erinnere, ist das Bild einer introvertierten und höflichen Person.

Aber zurück zur Bibliothek: Was dort nachgefragt wurde, das war sehr vielfältig. Es wurden viele Romane gelesen –

etwa die damals beliebten Titel wie die von Mario Simmel. Es wurden aber auch Sachbücher gelesen und es wurde Gesetzesliteratur nachgefragt. Alles in allem war es sehr gemischt.

Natürlich gab es auch Bücher, die nicht in solchen Bibliotheken zu finden waren. Denn oft ist es so, dass die Gefangenen dem Vollzug eine Nase voraus sind. Das gilt speziell im Hinblick auf Bemühungen oder Überlegungen, wie eine Flucht aus einem solchen Sicherheitsgefängnis möglich wäre.

Das ist sicher ein heikles Thema, aber es gehört nun mal dazu, wenn wir über den Knast sprechen. Sehen Gefangene die Möglichkeit zur Flucht, dann werden sie zumindest darüber nachdenken, diese Gelegenheit zu nutzen – das gilt vor allem dann, wenn sie eine längere Haftzeit zu befürchten haben. Dass das nicht nur in den Achtzigerjahren so war, hat eine gelungene Flucht im Mai 2014 einmal mehr gezeigt: Zwei Gefangenen gelang die Flucht aus dem Gefängnis Moabit nach klassischem Muster – sie zersägten Gitterstäbe, seilten sich mithilfe aneinandergeknoteter Stoffstreifen ab und verschwanden in der Nacht.

Einer der beiden Flüchtigen war des Mordes angeklagt. Und auch wir hatten damals in Moabit mit Menschen zu tun, die wegen allen möglichen Anklagepunkten verurteilt wurden – darunter einige durchaus gefährliche Personen.

Was wiederum bedeutete, dass natürlich immer wieder tatsächliche Fluchtpläne geschmiedet wurden. Fluchtpläne und auch andere Pläne – denn nicht immer war klar, was genau ein Gefangener wirklich vorhatte, wenn etwa bei ihm eine Waffe gefunden wurde.

Der Vollzug ist natürlich an sich schon sehr sensibel und versucht immer herauszufinden, ob und wo Gefangene sich damit beschäftigen, sich Waffen zu beschaffen oder sie zu bauen. Denn das kommt immer wieder vor. Auch mit einfachsten Mitteln lassen sich lebensgefährliche Gegenstände erschaffen: zum Beispiel ein Messer aus Holz, in das eine Rasierklinge als Schneide eingearbeitet ist.

Solche Waffen können zu mehreren Zwecken gedacht sein. Sie können dazu dienen, andere Gefangene mit Gewalt oder Gewaltandrohung zu unterdrücken. Die Objekte können aber auch dazu genutzt werden, Vollzugsmitarbeiter zu bedrohen, eine Geiselnahme zu planen und schließlich Fluchtpläne in die Realität umzusetzen. Vor diesem Hintergrund schaut der Sicherheitsdienst natürlich regelmäßig in alle Hafträume. Es wird kontrolliert, was die Gefangenen dort haben und womit sie sich beschäftigen.

Ein Thema in diesem Zusammenhang ist auch, welche Informationen sie sich besorgen. Was wieder zurück zum Thema Bibliothek führt und dazu, wie weit man auf dem Gebiet Freizeit im Vollzug denken muss – welche Eventualitäten oder auch scheinbare Unmöglichkeiten beziehungsweise vermeintliche Nebensächlichkeiten zu berücksichtigen sind.

So zählten zum Programm der Bibliothek seinerzeit natürlich auch Lexika. Auf den ersten Blick also vollkommen unverdächtige Werke, die den Gefangenen gebündeltes Wissen aus den unterschiedlichsten Bereichen boten. Ebenso unverdächtig wie diese Bücher selber erschien die Tatsache, dass sie gerne ausgeliehen wurden. Dann jedoch kam es einmal mehr zu einer Untersuchung von Hafträumen. Dabei wurde entdeckt, dass eines der Lexika neben vielen anderen Auskünften auch Informationen beinhaltete, die man in den Händen von Inhaftierten gar nicht gerne sah: nämlich Fachinformationen zur Herstellung von Schwarzpulver und Sprengstoff.

Andere Lexika offenbarten ebenfalls bestimmte Details ihres Inhalts erst auf den zweiten oder dritten Blick. So boten einige Bände Abbildungen von Waffen, die eine Nachfertigung zumindest in gewissem Maße erleichtern konnten. Darauf reagierte man umgehend. Es wurde angeordnet, dass derartige Bücher nicht mehr an die Gefangenen ausgegeben werden durften. Schließlich wollte und konnte man nicht riskieren, dass ein genaues Studium der Waffenabbildungen tatsächlich im Nachbau einer Pistole mündete.

Es existierten jedoch keine allgemeinen Regeln, die etwa bestimmte Buchkategorien kategorisch ausschlossen. Es konnte durchaus sein, dass eine triviale Geschichte wie *Flucht von Alcatraz* zu bekommen war – einfach weil man davon ausgehen konnte, dass so eine Geschichte keine Hilfe bei realen Fluchtplänen darstellte. In der Bibliothek waren auch Krimis zu finden, in deren Handlung Menschen umgebracht wurden. Die Entscheidung darüber, welches Buch zugelassen war und welches nicht, wurde immer individuell getroffen. Es gab und gibt dafür eine spezielle Sicherheitsabteilung in den Vollzugsanstalten. Die entscheidet, ob etwas bedenklich ist oder eben nicht.

Inhaftierte, die jede Gelegenheit nutzen, die an Flucht oder den Bau von Waffen denken – das mag sich anhören, als würde uns und auch mir ständig auf der Nase herumgetanzt. Tatsächlich ist das Gegenteil der Fall. Es gab die beschriebenen Fälle, es kommt immer wieder einmal zu ähnlichen Vorgängen. Doch im Alltag ist es eher so, dass ein Lehrer im Justizvollzug deutlich weniger Probleme als an herkömmlichen Schulen hat, wenn es darum geht, sich Respekt zu verschaffen oder von den Häftlingen die gebotene Aufmerksamkeit einzufordern.

Selbst als junger Lehrer von gerade 30 Jahren stand ich in diesem Zusammenhang nie vor nennenswerten Problemen. Die Autorität der Institution leistet dabei schließlich schon ihren ganz eigenen Beitrag. Die Mittel, die mir zur Verfügung stehen, um mich durchzusetzen, sind deutlich größer und umfangreicher als an öffentlichen Schulen. Ich kann klarer und direkter auf autoritätsverweigerndes Verhalten der Schüler reagieren.

Die Gefangenen sind sich immer bewusst, dass ich nicht allein da vorne stehe, sondern dass ich ein Teil des Ganzen bin. Dass also ein Fehlverhalten nicht nur meine ganz persönliche Missbilligung mit sich bringt, sondern dass die Folgen weit über den Unterrichtsraum, die Bibliothek oder auch den Sportplatz hinausreichen. Das ist sehr wichtig.

Im schlimmsten Fall kann in einer Haftanstalt auch ein Alarmknopf gedrückt werden, um eine aus dem Ruder gelaufene Situation mit Unterstützung der Sicherheitskräfte zu beenden.

Zur damaligen Zeit und auch heute trage ich allerdings kein Notrufsystem am Körper. Wo ich arbeite, gibt es stationär installierte Notrufmelder. Das sind kleine Kästen an den Wänden, die einem Feuermelder ähneln und bei denen ich zunächst einmal eine kleine Glasscheibe eindrücken müsste, um sie zu aktivieren – diese Scheibe ist installiert, damit nicht die Gefangenen im Vorbeigehen ständig Alarm auslösen können.

Das wird in anderen Anstalten jedoch durchaus auch anders gehandhabt. Manche Kollegen tragen Personennotrufgeräte bei sich, auch mal in Kombination mit einem Handy oder einem Funkgerät, sodass sie über ein mobiles Gerät an jedem Ort sowohl telefonieren, funken als auch einen Notruf absetzen können. Unser Allgemeiner Vollzugsdienst ist heutzutage standardmäßig mit Funkhandy oder Personenrufgerät mit Alarmfunktion ausgerüstet.

Doch egal ob fest installiert oder mobil – zum Einsatz kommen die Notrufmelder selten. Eben weil die Gefangenen sich durchaus bewusst sind, dass ein Fehlverhalten, das zu einem Notruf führt, Folgen mit sich bringt. Ich erinnere mich daher im Laufe der mittlerweile mehr als 30 Jahre im Vollzug an vielleicht zwei oder drei Situationen, in denen ich direkt

Alarm ausgelöst habe. Dabei ging es dann gar nicht einmal darum, dass ich selber in Bedrängnis geriet, sondern meist eher darum, dass ein Streit unter Gefangenen sich nicht ohne weitere Hilfe schlichten ließ.

Teilweise lässt sich aber selbst eine brenzlige Situation immer noch entschärfen, bevor es tatsächlich zu dem letzten Mittel der Alarmauslösung kommt. Genau so einen Fall gab es in meiner Anfangszeit in Moabit. Eine Situation während des Sports mit Gefangenen eskalierte bis kurz vor die Notrufauslösung – und in diesem Fall war tatsächlich ich selber in Bedrängnis geraten.

Ich habe damals immer freitagvormittags mit den Schulkursen Sport gemacht. Das bedeutet, dass wir im Sommer rausgegangen sind auf den Sportplatz und gerne auch Fußball gespielt haben.

Ich war als Leiter der ganzen Aktion einerseits Schiedsrichter, hab aber immer auch mitgespielt.

Im Eifer des sportlichen Gefechts kam es dann zu einer Situation, die ich als Foulspiel wertete. Eine Entscheidung, mit der ein Spieler der gegnerischen Mannschaft gelinde gesagt nicht vollkommen einverstanden war.

Daraufhin hat er im Affekt aggressiv reagiert und mich als Ziel seiner Aggression ausgemacht. Er ist vor mich getreten und mir sehr nahe gekommen. In einer Körperhaltung, die sich unschwer als Angriffshaltung werten ließ. Es war also zu befürchten, dass er mich nicht nur mit Worten beschimpfen, sondern tatsächlich auch körperlich angreifen würde.

Ich selber befand mich schon in einer typischen Verteidigungsreaktion und war bemüht, mein Gegenüber auf Distanz zu halten. Gleichzeitig habe ich immer noch versucht, deeskalierend einzuwirken. Ich konnte ja nicht so reagieren, wie es die Gefangenen unter sich tun würden. Wenn die angegriffen werden, dann schlagen sie zurück.

Das kann ich natürlich nicht und will es auch nicht. Es gab dann ein Zeitfenster von rund 20 Sekunden, in dem wir uns quasi Nase an Nase gegenüberstanden. Die Situation drohte in jedem Augenblick zu kippen. Doch genau an diesem Punkt kam dann wieder der Umstand zum Tragen, dass viele Gefangene sich eben auch die möglichen Folgen dessen überlegen, was da gerade geschieht.

Mein Gegenüber war zwar derart in Rage, dass es daran vermutlich keinen Gedanken verschwendete. Aber wir spielten ja Fußball, und daher standen nicht nur wir zwei auf der Fläche, es standen sich zwei Mannschaften gegenüber. In beiden befanden sich Häftlinge, die sich vollkommen im Klaren darüber waren, was ein Schlag in mein Gesicht nach sich ziehen würde. Schlicht gesagt: richtig viel Stress für alle. Dann wird der Sport sofort abgebrochen, sie werden aufs Haus gebracht und so weiter und so fort.

Daher ließen die übrigen Gefangenen die Auseinandersetzung auch nicht einfach geschehen, sie versuchten vielmehr ihrerseits, die Situation zu beschwichtigen, bevor es zu einem Schlagabtausch kommen konnte.

An diesem Tag war es tatsächlich mit der Hilfe der anderen möglich, den aufgebrachten Häftling zu besänftigen und die Situation zu entspannen. Es kam nicht zu einem körperlichen Angriff, die Situation war bereinigt und es gab für niemanden weiter reichende Folgen.

Ich habe also keinen Alarm ausgelöst, habe nicht den Notrufmelder betätigt und auch niemand anderes hat das getan. Vielmehr wurde die Sportveranstaltung nicht abgebrochen, und wir haben gemeinsam weitergespielt. Es kam auch danach zu keinen weiteren disziplinarischen Maßnahmen: Der Häftling hat sich auch bei mir für sein Verhalten entschuldigt, und damit war die Sache für mich erledigt.

Dass ich in meinen drei Jahrzehnten im Vollzug kaum wirklich bedrohliche Situationen erlebt habe, bedeutet jedoch nicht, dass alles reibungslos funktioniert. Gerade im Unterricht kommt es immer wieder zu Komplikationen, die jedoch meist nicht gefährlich sind. Es geht dabei eher um die Persönlichkeitsstrukturen und die damit verbundenen Schwierigkeiten gerade bei den jungen Gefangenen. Denn Hyperaktivität und ADS, das Aufmerksamkeitsdefizitsyndrom, sind bei jungen Kriminellen überproportional häufig zu finden. Viele Schüler haben Konzentrationsprobleme, vor allem über einen längeren Unterrichtszeitraum. Da denkt dann mancher schon mal daran, einfach den Kopf auf den Tisch zu legen, oder signalisiert auf andere Weise, dass er zu müde ist oder keine Lust zur Mitarbeit hat.

Was ich aber nicht zulasse. Ich konfrontiere die Schüler direkt mit ihrem Fehlveralten und weise sie deutlich darauf hin – was oft schon ausreicht. Das steht nicht zuletzt auch in Zusammenhang mit der Bezahlung, die Inhaftierte ja erhalten: Ich bezahle einen Teilnehmer dafür, dass er mitarbeitet. Wer aber seinen Kopf auf den Tisch legt, der leistet keine Mitarbeit und den bezahle ich auch nicht – das sage ich demjenigen in aller Deutlichkeit.

Aber es versteht sich von selbst, dass Jugendliche in der Pubertät gerne mal Grenzen ausloten oder mit dem Kopf durch die Wand wollen. Merke ich, dass ich einen Jugendlichen nicht zurück in die Spur bringen kann, drohe ich auch mit Disziplinarmaßnahmen.

Lässt sich jemand überhaupt nicht belehren, kann ich ihn beispielsweise des Unterrichts verweisen und ihn zurück in die Zelle schicken. Darauf würde dann am Nachmittag eine Nachbesprechung erfolgen. Das heißt, dass ich gemeinsam mit der zuständigen Wohngruppenleiterin zu dem Gefangenen gehe. Dann wird geschaut, ob der Konflikt seinen Auslöser vielleicht nur in der Tagesform hatte oder ob es sich eventuell um ein gravierenderes Problem handelt. Im Grunde dreht es sich in solchen Situationen allein um die Frage, ob er verstanden hat, warum er des Unterrichts verwiesen wurde – und ob er sein Fehlverhalten einsieht. Ist das der Fall, kommt er am nächsten Tag wieder zum Unterricht. Ist das Problem größer und lässt sich nicht so schnell aus dem Weg räumen, dann muss man sich was anderes überlegen.

Sollten sich die Störungen des Unterrichts auch nach Gesprächen und ersten »Warnschüssen« fortsetzen, muss ich den Einzelnen schlussendlich aus der Bildungsmaßnahme herausnehmen und ihm die Teilnahme am Unterricht untersagen. Denn die Aufnahme in einen solchen Kurs erfolgt ja nach den Kriterien der Eignung, wie es im Verwaltungsdeutsch heißt. Der Gefangene wurde also nach einem Aufnahmegespräch als geeignet für die Teilnahme eingestuft: Das Niveau der Bildungsmaßnahme passt vom Niveau, ist nicht zu anspruchsvoll oder anspruchslos für ihn, und auch seine Motivation stimmt.

Stellt sich das nun im Nachhinein als nicht tragfähig heraus, dann muss ich diesen sogenannten begünstigenden Verwaltungsakt auch widerrufen können. Im Klartext: Er fliegt aus der Maßnahme raus. Natürlich ist vor so einer finalen Maßnahme noch weitere pädagogische Ansprache üblich. Gegebenenfalls kann ich auch ein Drohszenario aufbauen, indem derjenige eine schriftliche Abmahnung erhält und ich ihm sage, dass er, wenn er jetzt weiter stört, dann endgültig vom Unterricht ausgeschlossen wird.

Das Problem dabei ist allerdings: Viele Gefangene sind schon ein bisschen träge in ihrem Verhalten. Sie sind zwar nicht gerne den ganzen Tag in ihrem Haftraum. Wenn sie aber Probleme haben oder wenn es etwa Stress mit dem Lehrer gibt, dann ist es für sie auch okay, wenn sie mal einen Tag ausschlafen und nicht in die Schule kommen. Nach einer Weile bemerken sie dann allerdings, dass sie auf diese Weise kein Geld mehr verdienen – das tut dann doch wieder weh und sie beginnen zu drängeln, wollen wieder zurück in den Unterricht.

»Komm mal klar, Alter!« – Gespräche aus dem Unterrichtsalltag

Ich habe lange überlegt, wie ich den typischen Unterrichtsalltag und auch den Umgang mit den Schülern beziehungsweise den jugendlichen Inhaftierten am besten beschreiben kann. Dabei sind mir immer wieder einzelne bezeichnende Szenen und Dialoge zwischen Lehrer und Schüler eingefallen. Das wiederum hat mich zu der Überzeugung gebracht, dass sich der Unterrichtsalltag tatsächlich am realistischsten mit derartigen Szenen aus der Realität beschreiben lässt. Daher möchte in an dieser Stelle einmal vier solcher Momentaufnahmen unkommentiert für sich sprechen lassen.

1. Die Mathematik und der Körper

Lehrer: Heute werden wir mit den Körperberechnungen beginnen. Flächen haben wir ja schon berechnet. Welche unterschiedlichen Körper kennen Sie denn?

Karim: Na, geile Körper und abgefuckte Körper, wie den von der Trautmann.

Boris T.: Und fette Körper und voll hässliche, wie den von der Kluge! (die Gruppe lacht laut)

Lehrer: Meine Herren, haben wir nicht verabredet, uns respektvoll zu benehmen und im Unterricht ernsthaft zu arbeiten?

Karim: Na, wenn Sie uns so eine Frage stellen, müssen wir doch antworten.

Lehrer: Im Mathematikunterricht dürfte Ihnen aber klar sein, dass wir über geometrische Körper sprechen.

Boris T.: (springt auf) Und geometrisch sind die allemal! (formt mit beiden Händen eine ausholende Acht in die Luft, die Gruppe bricht in lautes Gelächter aus)

Lehrer: Setzen Sie sich wieder hin, Herr T., der Spaß ist jetzt zu Ende!

Boris T.: Machen Sie mich nicht an! Versteh'n Sie keinen Spaß?

Lehrer: Wenn Sie nicht verstehen, dass Späße auf Kosten anderer nicht in diesen Unterricht gehören, kann ich Sie hier nicht gebrauchen. Im Übrigen möchte ich jetzt endlich ernsthaft mit Ihnen arbeiten. Ist das angekommen?

Boris T.: Komm mal klar, Alter!

Lehrer: Ihre Respektlosigkeit und Frechheit stört jetzt dermaßen den Unterricht, dass Sie nun bitte den Raum verlassen und zurück in Ihre Wohngruppe gehen.

Boris T.: Ich gehe nirgendwohin! Hab doch gar nichts gemacht.

Lehrer: Nehmen Sie Ihre Sachen und gehen Sie!

Schulaufsicht: Ich kann auch Alarm auslösen, Herr T., wenn Sie das wollen.

Boris T.: Muss nicht sein. Wir sprechen uns noch. (geht mit)

2. Erziehung als »Zumutung«

Lehrer: Heute möchte ich mit Ihnen einmal genauer in unser Jugendstrafvollzugsgesetz schauen. Es ist nämlich für Sie wichtig zu wissen, welche Aufgabe wir gemeinsam haben. Lesen Sie mal Paragraf 3.

Ibrahim J.: Hier steht was von Erziehung. Das haben schon meine Eltern versucht – ohne Erfolg. Ihr hier schafft das nie, versprochen!

Lehrer: Okay, Herr J., was bedeutet denn für Sie das Wort »Erziehung«?

Ibrahim J.: Na, alle wollen, dass ich mich ändere. Aber ich will mich gar nicht ändern. Ich fühl mich ja ganz gut so, wie ich bin.

Kevin: Mein Vater wollte immer, dass ich Kohle ranschaffen soll. Aber der hat ja selbst nichts auf die Reihe gekriegt. Hat immer nur zu Hause rumgehangen und gesoffen.

Lehrer: Haben Ihre Eltern Ihnen denn dann geholfen, im Leben klarzukommen?

Markus: Die haben mir nicht geholfen, immer nur Stress gemacht – mir hat nie einer geholfen. Ich brauch keine Hilfe!

Lehrer: Also, wir verstehen hier unseren Erziehungsauftrag so, dass wir Ihnen helfen, Ihre Persönlichkeit positiv zu entwickeln: so viel wie möglich zu lernen, sich zu bilden und auszubilden, soziale Kompetenzen zu trainieren, Interessen und Motivation zu wecken, persönliche Problemlagen zu bewältigen und zu lösen und so weiter.

Markus: Na, da bin ich ja mal gespannt.

3. Neuer Tag, neuer Kurs

Lehrer: Guten Morgen, meine Herren! Willkommen zur ersten Unterrichtsstunde in unserem neuen Schulkurs!

Bernd: Sind Sie der Neue?

Lehrer: Ja, ich bin Ihr neuer Kursleiter. Ich heiße Herr Vogel.

Stefan: Na, der is ja 'n Vogel! (lacht und grinst breit zu den anderen Schülern)

Lehrer: Der Witz ist nun wirklich nicht neu, Herr N. Vielleicht lernen wir uns eher etwas genauer kennen und verabreden, was wir gemeinsam hier in der nächsten Zeit im Unterricht tun wollen?

Bernd: Na, ich will hier gar nichts tun. Schule war mir sowieso immer zu anstrengend. Hab da immer 'n bisschen gepennt, wenn's zu heftig wurde. Bis die Alte mich aufgeweckt hat.

Viktor: Glaub nicht, dass du bei Herrn Vogel im Unterricht pennen kannst.

Lehrer: Richtig! Keiner von Ihnen wird gezwungen, hier im Kurs zu sitzen. Wenn Sie lieber in Ihrem Haftraum den Tag verbringen wollen, dann werde ich Sie nicht hindern. Aber in meinem Unterricht schläft keiner. Sie wollen doch für die Teilnahme sogar noch bezahlt werden. Das passt dann irgendwie nicht zusammen.

Bernd: Na, okay, schau'n wir mal.

Lehrer: Wenn wir schon dabei sind, möchte ich mit Ihnen zunächst mal die Grundregeln für den Kurs verabreden. Ich nenne sie die Fünf-Finger-Regel: Keine Gewalt! Respekt! Toleranz! Kein Geld ohne Leistung! Anordnungen befolgen, wenn's ernst wird!

4. Kopfkino

Lehrer: Als wir gestern das Lied in der »Farm der Tiere« von Orwell lasen, ist mir aufgefallen, dass Sie Spaß an der Versform und den Reimen hatten. Deshalb will ich heute mit Ihnen ein kurzes Gedicht lesen, weil es gut zum heutigen Wetter und der Jahreszeit passt: Der »Osterspaziergang« aus Goethes *Faust*.

Marvin: Spaziergang ist klasse, gehen Sie mit uns raus, Herr Vogel? Wir kommen auch alle wieder mit zurück, versprochen, Mann!

Lehrer: Da wette ich drauf. Fragt sich nur, ob das Ihre Wohngruppenleiterinnen auch so sehen. Ich glaube, die sind nicht so leicht zu überzeugen.

Cem: Na, aber in den Anstaltswald können wir doch wenigstens spazieren gehen – vielleicht finden wir da ja ein Handy, das wer über den Zaun geworfen hat.

Lehrer: Das vergessen Sie mal schnell wieder. Bei der Literatur geht es immer um die Fantasie, um das Kino im Kopf, da brauchen wir nicht wirklich unseren Klassenraum zu verlassen.

Boris: Hier steht, der Dichter ist schon 1832 gestorben. Dann ist das ja ein voll alter Text!

Lehrer: Ja, Goethe ist schon über 180 Jahre tot, aber einer der bedeutendsten deutschen Dichter. Nun lesen wir mal und schauen hinterher, ob das wirklich so »voll alt« ist.

Cem: Ich lese: »Vom Eise befreit sind Strom und Bäche ...« Oh Mann! (Er holpert und stottert etwas wegen der ungewohnten Worte).

Lehrer: Das war doch nicht schlecht, Cem, fürs erste Mal, ungeübt!

Boris: Kann ich auch noch mal lesen, Herr Vogel? Ich krieg das besser hin.

Lehrer: Klar. Jeder, der Lust hat, darf lesen.

(Boris liest, Marvin dann auch noch. Sie kriegen es tatsächlich immer flüssiger hin. Die inhaltlichen Bilder werden besprochen, unbekannte Wörter erklärt.)

Boris: Der Rhythmus klingt wie'n Rap. (macht es vor)

Cem: Die Stimmung ist wie sonntags im Mauerpark (Anmerkung: Ein beliebter multikulturell-lebendiger Park im Stadtbezirk Prenzlauer Berg).

Lehrer: Also, so »voll alt« scheint das Gedicht gar nicht zu sein, oder?

Die große Umstellung: Erwachsene statt Jugendliche – Einmal Entertainer und zurück

Das Jahr 1987 war ein Jahr der Neuorientierung und der Umstellung – für mich als Lehrer ebenso wie für die Anstalt Moabit insgesamt. Denn auch im Justizvollzug bleibt nicht alles immer so, wie es einmal war. Der Grund für die Umstellungen dieses Jahres bestand vor allem aus einem Bauprojekt: 1980 hatte man an der bekannten Justizvollzugsanstalt Plötzensee – der Plötze – mit einem Neubau begonnen.

Plötzensee war während der Zeit des Dritten Reiches dadurch berühmt-berüchtigt geworden, dass die Anstalt als zentrale Hinrichtungsstätte diente. Rund 3000 Menschen verloren dort ihr Leben, darunter die Beteiligten an dem gescheiterten Attentat auf Adolf Hitler vom 20. Juli 1944, die in Plötzensee mit Kabeln an Fleischerhaken aufgehängt wurden. Heute erinnert eine Gedenkstätte an die Opfer des Nationalsozialismus.

Nach dem Ende des Zweiten Weltkrieges wurde Plötzensee als Jugendstrafanstalt genutzt, sollte nun aber als JVA Plötzensee zu einer Einrichtung des offenen Männervollzugs umgewandelt werden.

Der 1987 fertiggestellte Neubau neben dem bestehenden Strafgefängnis wiederum sollte als zentrale Jugendstrafanstalt der Stadt Berlin 448 Haftplätze bieten.

Diese Plätze wurden nicht nur mit den jugendlichen Häftlingen belegt, die zuvor schon in Plötzensee saßen. Auch die Jugendlichen aus Moabit, also meine Schüler, wurden in diesem Jahr dorthin verlegt. Was natürlich zur Folge hatte, dass sich meine Arbeit stark änderte. Ich war zwar mittlerweile bereits ein recht routinierter und auch erfahrener Pädagoge. Seit meinen Anfängen im Jahr 1982 hatte ich aber fast ausschließlich mit ebendiesen Jugendlichen gearbeitet.

Ich musste mich und damit auch das Bildungsangebot umstellen, es nun auf eine neue Zielgruppe ausrichten: die erwachsenen Gefangenen.

Jugendliche waren natürlich ebenfalls nie eine ganz einfache Klientel. Mancher hatte, wie ich schon berichtete, eine gewisse Schulbildung genossen, andere wiederum hatten alles getan, um in Freiheit den Aufenthalt in einem Schulgebäude zu vermeiden. Doch immerhin gab es in Bezug auf die Altersstruktur immer in gewissem Maße Übereinstimmungen oder Ähnlichkeiten.

Bei den Erwachsenen, für die ich nun zuständig sein sollte, sah das vollkommen anders aus. Das Bildungsangebot musste sich an Menschen richten, die 24 oder auch 60 Jahre alt sein konnten. Hinzu kam, dass ich, wie schon bei den Jugendlichen, weiter auch die Umstände von Untersuchungshaftsituation und die damit verbundenen begrenzten Verweilzeiten zu berücksichtigen hatte. Ich konnte also auch jetzt keinen Kurs einrichten, der von vornherein auf eine Laufzeit von einem Jahr ausgerichtet war, weil die Situation das wieder nicht zuließ. Also habe ich für die Erwachsenen Maßnahmen eingerichtet, die auf eine halbjährige Laufzeit ausgerichtet waren. Doch selbst bei dieser überschaubaren Spanne war schon wieder von Beginn an klar, dass ein Teil der Teilnehmer – zehn bis zwölf an der Zahl – im Laufe dieser Zeit wechseln würde.

Grob zusammengefasst stellten diese Maßnahmen ein Angebot dar, das sich auf freiwilliger Basis an bildungsinteressierte Erwachsene richtete. Also an Gefangene, die ihre Inhaftierungszeit zur Verbesserung ihrer Bildung nutzen wollten. Um das Nachholen eines Schulabschluss ging es dabei auch wieder nicht. Das war bei den Erwachsenen nicht wirklich relevant. Im fortgeschrittenen Alter stand ein Hauptschulabschluss nicht im Fokus, von einem Realschulabschluss ganz zu schweigen. Das stellte nur für sehr wenige Erwachsene ein Ziel dar.

Denn einerseits war ja die Verweilzeit meist zu gering, um ein solch langfristiges Ziel anzugehen. Auf der anderen Seite standen dem auch die Persönlichkeiten und die Einstellungen der Gefangenen entgegen.

Ein erwachsener Gefangener kann durchaus der Ansicht sein, dass er in seinem Leben bereits genug Bildung genossen hat – auch wenn daran von der Seite eines Lehrers Zweifel bestehen.

Vor allem bei den älteren Erwachsenen herrschte eher eine gleichgültige und fatalistische Haltung nach dem Motto »Ich bin zu alt, um noch mit großen Mühen oder Anstrengungen meine Bildung zu verbessern«. Solche Personen denken, dass sie vor dem Hintergrund ihres Potenzials den notwendigen Bildungsstand bereits erreicht haben und dass sie auch mit der Vorstellung gut leben können, etwaige Weiterbildung in der Form zu genießen, dass sie die *Tagesschau* gucken. Aktives Lernen dagegen würde ihnen nicht leichtfallen und ist daher auch nicht gewünscht.

Um das zu verstehen, muss man natürlich auch berücksichtigen, in welchem Umfeld diese erwachsenen Häftlinge den überwiegenden Teil ihres Lebens verbracht haben. Die Schulzeit ist ja nicht selten eine lange zurückliegende Phase, und wer nicht dauerhaft kriminell aktiv war, hat danach vermutlich gearbeitet, ist einem Beruf nachgegangen.

Das wird dann relevant, wenn Inhaftierten ja nicht nur die Möglichkeit zur Verbesserung ihrer Bildung geboten wird – sie können auch einer handwerklichen Tätigkeit nachgehen im Vollzug. Was besonders Erwachsenen mit einer gewissen Vorerfahrung in beruflicher Hinsicht angenehmer ist. Wenn jemand draußen auf dem Bau gearbeitet hat, dann geht er auch in Haft lieber in einer Bauabteilung arbeiten, als sich auf eine Schulbank zu setzen.

Dazu muss man sagen, dass Erwerbstätigkeit im Endeffekt den entscheidenden Faktor bei der Integration nach der Haftentlassung darstellt. Wichtig ist, dass der Inhaftierte besser in der Lage ist, erwerbstätig zu werden oder erwerbstätig zu bleiben. Daher ist es manchmal mindestens genauso wichtig, dass ein Mensch nach seiner Entlassung eine handwerkliche Versiertheit und Erfahrung vorweisen kann, wie einen hohen beziehungsweise verbesserten Bildungsstand.

Die Neigung, sich keine Bildung mehr »zumuten« zu wollen, nimmt ohnehin mit steigendem Alter und damit der wachsenden zeitlichen Entfernung von der Schulbildung zu. Diejenigen, die auf mein Angebot ansprachen, waren daher auch nicht Häftlinge im wirklich fortgeschrittenen Alter. An meinen Kursen nahmen eher die jüngeren Erwachsenen zwischen Ende 20 und Mitte 30 teil.

Wie auch bei den Jugendlichen ging es für mich darum, diese Menschen mit ihrem Bildungsbedürfnis und -wunsch dort abzuholen, wo sie standen – und ihnen auf dieser Basis sinnvolle inhaltliche Angebote zu machen. Sie also zu fördern unter Berücksichtigung ihres Bildungsstandes. Doch so ähnlich diese Angebote auf der einen Seite dem Bildungsangebot für Jugendliche sahen, so sehr unterschieden sie sich doch in vielen Facetten auch davon.

Ein Thema des Unterrichtes war natürlich auch hier wieder die deutsche Sprache. Dabei ging es um das Lesen, die Rechtschreibung und auch Sprachwissen insgesamt – um sich richtig ausdrücken zu können zum Beispiel. Wichtig war es in diesem Rahmen ebenfalls, dass wir den Häftlingen Fähigkeiten vermittelten, die es ihnen ermöglichten, aussagekräftige und nicht zuletzt Erfolg versprechende Bewerbungen zu schreiben. Anträge formal richtig schreiben können, auch das war ein Aspekt. Oder sich mal in Form eines Leserbriefes an einer Diskussion zu beteiligen.

Andererseits ging es im Deutschunterricht um die Fähigkeit, gut und geläufig etwas anspruchsvollere Texte und Artikel lesen zu können. Viele der Inhaftierten befanden sich sprachlich sozusagen auf *Bild*-Zeitungsniveau. Wenn ich mit ihnen also trainierte, einen umfangreichen Artkiel zu einem aktuellen Thema aus einer Zeitschrift oder einem Nachrichtenmagazin wie dem *Spiegel* zu lesen, dann trainierte ich damit die Fähigkeit, auch anspruchsvollere Inhalte lesen zu können. Dazu kam der Versuch, das Interesse an Literatur oder Poesie zu wecken und den Wunsch auszulösen, auch so etwas zu lesen.

Natürlich zählte bei den Erwachsenen der mathematische Bereich ebenfalls wieder zum Angebot. Vor dem Hintergrund einer erwachsenen Klientel ging es hier immer darum, dass bestimmte Rechenverfahren gesichert sind beziehungsweise weiter gesichert werden – im geometrischen Bereich, im Bereich der Prozentrechnung oder bei den Dreisatzaufgaben. Das alles haben wir immer mit in das Gesamtpaket hineingepackt.

Weltkunde spielte bei den Erwachsenen ebenfalls eine Rolle, allerdings haben wir uns hier oftmals an tagesaktuellen Themen orientiert. Im späteren Verlauf der Achtzigerjahre drehte es sich dabei natürlich auch immer stärker um die sich anbahnenden Veränderungen im damaligen Ostblock und der DDR.

Insgesamt war die Umstellung von der Arbeit mit Jugendlichen auf das Unterrichten Erwachsener jedoch nicht sehr dramatisch. Was natürlich auch daran lag, dass es eine gewisse Vorauswahl gab: Ich konnte mir die motivierten und interessierten Erwachsenen heraussuchen. Ich habe immer eine Ankündigung gemacht, dass wieder ein neuer Schulkurs beginnt, in Verbindung mit der Frage, wer interessiert ist, bei einer Laufzeit von einem halben Jahr seinen Allgemeinbildungsstand zu verbessern – und habe auf Basis der Anträge passende Gruppen zusammengestellt.

Besonders interessant war für viele der Häftlinge übrigens immer das Thema Wirtschaft. Dabei ging es während des Unterrichts um alle möglichen Themen, von den Anfängen der Tauschwirtschaft über die Entstehung des Wirtschaftens mit Geld bis hin zu den Fragen nach den betriebs- und volkswirtschaftlichen Aspekten des Wirtschaftens. Das mag sich auf Anhieb erst einmal etwas dröge anhören, doch im Unterricht kam eben auch noch die persönliche Ebene hinzu, die das Interesse weckte. Etwa die Frage, wie man mit seinen Einnahmen und Ausgaben effektiv wirtschaftet. Themen also, die durchaus sinnvoll im täglichen Leben sind.

Der Gesamtbereich Wirtschaft umfasste aber auch Themen wie Kapitalismus und Kommunismus. Beide Systeme miteinander zu vergleichen, sie mit ihren Vor- und Nachteilen zu erklären.

Solche teils auch komplexeren Felder ließen sich gerade mit Erwachsenen gut behandeln. Auch, weil ich mich bemüht habe, die Unterrichtsstunden immer wieder abwechslungsreich zu gestalten. Zum Beispiel indem ich Filmmaterial von den Landesbildstellen besorgte, um damit den Unterricht zu bestimmten Themen noch anschaulicher zu gestalten.

Nun kann man mit etwas Sarkasmus auch vermuten, dass das Interesse am Thema Wirtschaft bei den Inhaftierten nicht von ungefähr kam – sondern vielleicht darauf beruhte, dass gerade das Wissen über wirtschaftliche Zusammenhänge auch auf kriminellem Gebiet Vorteile bringt. Etwa weil ein Mensch seine Betrügereien besser planen kann.

Dazu möchte ich sagen: Ja, es gibt bestimmte Betrügertypen, die uns immer wieder auffallen durch ihre ganz spezifische Persönlichkeitsstruktur. Diese Typen lassen sich aber mit dem typischen Karrierekriminellen nicht in einen Topf werfen. Wir haben oftmals Leute, die im Bandenmilieu Straftaten begehen – da geht es um Themen beziehungsweise Delikte wie Diebstahl, Raub oder Hehlerei. Hinter diesen ganzen Eigentumsdelikten stecken oftmals relativ schlichte Menschen ohne umfangreiche Bildung. Sie sind in ihrem Milieu groß geworden und dort hineingewachsen. Sie haben also wenig anderes gemacht, als in diesem Bereich zu arbeiten.

Betrüger sind jedoch oftmals ganz anders strukturiert. Solche Menschen können tatsächlich leicht auf die Idee kommen, durch eine Bildungsmaßnahme ihre Kompetenzen und Fähigkeiten zu verbessern, um später noch geschickter betrügerische Straftaten zu begehen. Man kann diese Menschen in der Komplexität ihrer Eigenschaften und Handlungen schlecht in einigen wenigen Sätzen beschreiben – ich habe aber gelernt, sie sehr schnell zu identifizieren. Solche Typen erkenne ich einfach an ihrer Persönlichkeitsstruktur, ihrer Haltung anderen Menschen gegenüber und ihren Denkmustern.

Ich muss allerdings auch zugeben: Gerade diese Betrügertypen sind teilweise sehr schlau. Es gab einige, bei denen das Durchschauen ihrer intuitiven und auch verdeckten Strategien schwerfiel. Aber ich habe eben mittlerweile eine Sensibilität entwickelt, die bei mir in diesen Fällen alle Alarmglocken läuten lässt. Diese Sensibilität besaß ich allerdings nicht von Anfang an, die musste sich erst entwickeln durch Erfahrungen mit dieser Klientel.

Wenn ich davon ausgehe, dass eine Person mit einem derartigen Hintergrund das Angebot nutzen möchte, lasse ich mich trotzdem auch in dem Fall ein Stück weit auf deren Bildungsbedürfnis ein. Jedenfalls solange ich nicht den Verdacht hege, dass der Betreffende eigentlich nur in meinem Unterricht sitzt, damit er besser zu betrügen lernt. Schließlich ist es nicht meine Aufgabe, dass ich jemandem helfe, künftig noch besser Straftaten zu begehen.

Nur: So etwas ist noch nicht vorgekommen. Auch weil Betrüger an sich eben immer schon eine gewisse Verschlagenheit aufweisen. Diese Menschen gehen nicht offen mit ihren betrügerischen Absichten um. Vielmehr verschleiern sie ihr Interesse, verbergen es hinter einer Fassade aus besonders bereitwillig vorgetragenem Interesse – an mir oder dem Thema. So wie sie es auch außerhalb der Haftanstalt tun beziehungsweise bis zu ihrer Verhaftung getan haben.

Aber zum heutigen Zeitpunkt wage ich zu behaupten, dass es in all den Jahren keinen konkreten Fall gab, in dem es jemand tatsächlich geschafft hat, mich an der Nase herumzuführen und das Bildungsangebot für seine kriminellen Pläne zu nutzen.

Es war vielmehr so, dass sich die Phase, in der ich ausschließlich mit Erwachsenen gearbeitet habe, in bestimmten Aspekten auch positiv von der Arbeit mit Jugendlichen unterschieden hat. Das gilt vor allem vor dem Hintergrund der an sich sehr unterschiedlichen Grundstruktur beider Gruppen. Erwachsene Menschen neigen insgesamt weniger zur Unruhe und sind auch dauerhafter konzentriert bei der Sache.

Die jugendlichen Häftlinge dagegen können sich häufig nur über kurze Zeiträume konzentrieren und sich deswegen auch nur über einen vergleichsweise kurzen Zeitraum mit einer gestellten Aufgabe selbstständig beschäftigen.

Sie brauchen permanent einen Aktionsformwechsel, der ihr Interessenniveau wieder etwas anhebt, weil sie sonst abgleiten – was natürlich mich als Lehrer immer wieder fordert. Die Erwachsenen halten einfach besser durch in der Fokussierung auf ein Thema. Das bedeutet auch, dass sie über eine bessere Fähigkeit verfügen, selbstständig an einer Aufgabe zu arbeiten – egal ob es nun um das Lesen oder eine Mathematikaufgabe geht.

Sie sind zudem disziplinierter im angeleiteten Umgang mit Gesprächs- und Kommunikationssituationen. Das alles macht das Arbeiten im Endeffekt einfacher. Man muss als Lehrer nicht ständig wie bei den Jugendlichen als eine Art Dompteur und Entertainer agieren.

Diese Phase war für mich in dieser Hinsicht daher in gewissem Maße angenehmer. Im Umkehrschluss habe ich fast ein Jahr gebraucht, um mich vom Erwachsenenvollzug wieder in den Jugendvollzug umzugewöhnen.

Als ich 1999 in den Jugendvollzug zurückkehrte, musste ich erst einmal zurückfinden auf das Energieniveau des Entertainers, der auf der Bühne steht. Ich würde nicht sagen, dass ich in der Zwischenzeit eingerostet war, es war einfach völlig anders als in dem Jahrzehnt, das seit 1987 in Moabit vergangen war. Man kann es sich vielleicht vorstellen wie bei einem Menschen, der in den Urlaub fährt. Da sackt das Energieniveau auch ab, sagen wir mal auf 20 Prozent des zuvor im Alltag gewohnten Niveaus.

Als ich wieder im Jugendvollzug anfing, musste ich also in kurzer Zeit von den 20 Prozent zurück auf 90 oder 95 Prozent hochfahren.

Das soll allerdings nicht bedeuten, dass die Zeit, die ich mit den erwachsenen Gefangenen verbracht habe, ein einziger entspannter Urlaub gewesen ist oder dass ich mich über all die Jahre einfach hätte zurücklehnen können.

Auch unter Erwachsenen gibt es anstrengende Menschen, das gilt in verstärktem Maße für Häftlinge, weil natürlich inhaftierte Kriminelle von der Persönlichkeitsstruktur her an sich schon keine einfachen Individuen sind. Sie haben ebenfalls ihre dissozialen Persönlichkeitsstrukturen, da gibt es subkulturelle Hierarchien, die das Arbeiten beeinflussen. Und auch die Erwachsenen haben die Bereitschaft, bestimmte Situationen für sich nicht durch Argumentation und Diskussion, sondern mit Gewalt zu lösen.

Für beide Gruppen, die Jugendlichen wie auch die Erwachsenen, gilt, dass sie schlecht affektkontrolliert sind. Sie springen in einem Streit schon mal an, manchmal sehr explosiv. Das muss man wissen, wenn man mit ihnen arbeitet.

Was ich damit sagen will: Es war nicht so, dass – nachdem die Jugendlichen weg waren – nur noch paradiesische Verhältnisse herrschten. Ich musste auch weiterhin immer schauen, welche Art von Persönlichkeit da vor mir sitzt und welche Problemlagen sich daraus entwickeln könnten.

Aber es war eben in vielen Bereichen anders als zuvor. Und, wie gesagt, ich hatte den großen Vorteil, dass ich immer aus einer großen Anzahl an Inhaftierten die besonders Motivierten auswählen konnte. Daher ist es immer gelungen, einen Kurs zusammenzustellen, mit dem ich insgesamt gut arbeiten konnte. Dass es trotzdem immer wieder auch Stresssituationen gab, das blieb aufgrund der Spezifika von Menschen im Vollzug nicht aus.

Teil 2: Umschluss[2] (1989–1999)

Im Osten viel Neues – Als die Einheit im Vollzug ankam

Wohl jeder Mensch weiß, welche Veränderungen der Übergang von den Achtziger- zu den Neunzigerjahren für Deutschland bedeutete. Doch kaum ein Mensch ahnt, welche Folgen diese Zeit für den Justizvollzug mit sich brachte und damit auch für meine Arbeit als Lehrer.

Ich selbst konnte 1990 nicht einmal ahnen, was auf mich und meine Kollegen zukam. Während die Welt noch staunend auf die friedlichen Revolutionen von 1989 und deren durchaus begrüßenswerte Folgen schaute, standen wir in den Folgejahren vor vollkommen neuen Aufgaben und Problemen. Denn die neue Freiheit in vielen Teilen der ehemaligen Sowjetunion brachte auch einen massiven Zuzug von Kriminellen aus jenen Regionen in den Westen mit sich. Kriminellen, die sich sehr stark von jenen Menschen unterschieden, mit denen wir es bislang zu tun hatten.

Außerdem kam ich persönlich schon in den frühen Neunzigerjahren mit einer Problematik in Kontakt, die in der Welt erst ein gutes Jahrzehnt später wirklich Beachtung fand: Attentate mit islamistischem Hintergrund, die der 11. September 2001 unauslöschlich in die Erinnerung der Menschen einbrannte.

Rund zehn Jahre zuvor fand ein Anschlag mitten in Berlin statt. Der richtete sich allerdings nicht gegen den Westen an sich, Ziel waren vielmehr oppositionelle Politiker aus ei-

2 »Umschluss« beschreibt den Besuch einer anderen Zelle durch einen Gefangenen.

ner islamischen Republik. Der mutmaßliche Haupttäter war schnell gefunden: Er hieß Bahram Kücük, und er wurde mein Schüler – ein Schüler, mit dem ich so lange und so intensiv zusammenarbeiten sollte wie mit kaum einem anderen in meiner mehr als 30-jährigen Laufbahn.

Aber fangen wir vorne an. Der Tag, der gerade für einen Berliner wie mich unvergesslich bleiben sollte, war ein Donnerstag: der 9. November 1989, und damit der Tag, an dem nach 28 Jahren jene Mauer fiel, die Berlin in Ost und West teilte.

Wie jeder Berliner erinnere ich mich genau an diesen Tag. Daran, dass es bereits Abend war, als uns diese eigentlich unglaubliche Meldung über die Fernsehbildschirme in unseren Wohnungen erreichte: Die Mauer war offen.

Danach war in Berlin natürlich nichts mehr so, wie man es all die Jahrzehnte gewohnt war, und als politisch interessierter Mensch verfolgte ich die weitere Entwicklung natürlich intensiv und gespannt.

Für meinen Alltag als Lehrer im Justizvollzug brachten die ersten Tage und Monate nach dem Mauerfall zunächst denkbar wenige Veränderungen mit sich. Die Mauern der Justizvollzugsanstalten in Westberlin standen weiter, ihre Tore blieben geschlossen und die Arbeit dahinter ging ihren Gang.

Das jedoch galt nur für Westberlin. Im damaligen Ostberlin veränderte der Mauerfall und die Wende insgesamt die Situation in Bezug auf die Haftanstalten vollkommen. Während bei uns hauptsächlich Straftäter inhaftiert wurden, konzentrierte man sich in der DDR hauptsächlich auf jene Menschen, die politisch eine eigene und vor allem eine kritische Meinung zum System einnahmen. Manche waren wegen Republikflucht inhaftiert, manche, weil sie vielleicht einfach nur den falschen Fernsehsender eingeschaltet hatten. Diese politischen Häftlinge wurden in den Haftanstalten der Staatssicherheit psychisch und auch physisch gefoltert.

Das änderte sich nach dem Mauerfall in einer kaum für möglich gehaltenen Geschwindigkeit. Kaum eine Woche nach der überraschenden Nachricht des 9. November wurde das berüchtigte Ministerium für Staatssicherheit – die Stasi – in das Amt für Nationale Sicherheit (AfNS) umbenannt. Nicht zuletzt mit dem Ziel, den riesigen Überwachungsapparat zu verkleinern. Auch diese Pläne wurden allerdings von der Zeit und vor allem von dem neu erwachten Willen der Bürger überholt: Unter Druck geraten, löste der Ministerrat bereits am 14. Dezember 1989 das AfNS wieder auf.

Das Entscheidende für mich und den gesamten Justizvollzug bestand jedoch in einem damit verbundenen Umstand: Gleichzeitig wurden die Untersuchungshaftanstalten der DDR aufgelöst beziehungsweise geschlossen. Dazu zählte auch die berüchtigte Anstalt Berlin-Hohenschönhausen, die seit 1951 als zentrales Untersuchungsgefängnis der Stasi diente. Die letzten Inhaftierten wurden im Frühjahr 1990 entlassen, die Anstalt dann am 2. Oktober 1990 offiziell geschlossen – also einen Tag vor der offiziellen Wiedervereinigung Deutschlands.

Doch es ging eben nicht nur um Hohenschönhausen. Als die Wiedervereinigung kam, wurden alle Knäste in Ostberlin geschlossen – Lichtenberg, Rummelsburg, Hohenschönhausen, Pankow und was da noch so war, alle wurden komplett zugemacht. Man hat damals gesagt, dass ein Vollzug wie in diesen Haftanstalten den Menschen in der ehemaligen DDR nicht mehr zuzumuten sei.

Allerdings gab es auch in der DDR nicht nur politische Gefangene. Obwohl das Regime kaum davon sprach, kannte man auch in der DDR gewöhnliche Kriminalität und damit auch inhaftierte Straftäter. Nur hatte man nun eben die Anstalten geschlossen, in denen diese Menschen ihre Strafe absitzen sollten.

Damit war klar, dass wir als Westberliner Gefängnisse eine zusätzliche Aufgabe bekamen: Wir mussten die kriminellen Straf- und Untersuchungsgefangenen in unseren Anstalten aufnehmen. Das bedeutete: Alle – und damit meine ich wirklich alle – verbliebenen, nicht politischen Inhaftierten aus den nun geschlossenen Anstalten kamen zu uns in den Westen.

Die Belegungszahlen stiegen also sehr schnell sehr stark an. In kürzester Zeit hatten wir rund ein Viertel mehr Insassen zu betreuen. Ein Umstand, dem wir zunächst nur sehr begrenzt gewachsen waren. Nicht zuletzt, weil wir in der Folge neben dem Überbelegungsproblem auch ein Personalproblem bekamen.

Denn mit den neuen Häftlingen kam nicht automatisch auch das Personal zu uns. Die Mitarbeiter der ehemaligen ostdeutschen Haftanstalten wurden vielmehr zunächst einmal »gegauckt«, bevor man entschied, ob sie auch im westlichen Strafvollzug weiter Dienst tun können.

Der Begriff »gegauckt« steht für die Arbeit der Behörde des Bundesbeauftragten für die Stasi-Unterlagen, seinerzeit geleitet von dem heutigen Bundespräsidenten Joachim Gauck. Es ging also darum herauszufinden, wie sehr eine einzelne Person in die Tätigkeiten der ehemaligen Stasi verwickelt war, was sie sich zu DDR-Zeiten in diesem Zusammenhang zuschulden hatte kommen lassen. Eine große Zahl der ehemaligen Mitarbeiter und Bediensteten der DDR-Haftanstalten sind dabei sofort aus dem Raster herausgefallen und konnten nicht übernommen werden. Weil sie eben eine Akte bei der Stasi hatten und dort als sogenannter IM – also inoffizieller Mitarbeiter – geführt wurden. Oder weil es eine wie auch immer geartete Zusammenarbeit mit dem Ministerium für Staatssicherheit gab.

Positiv »gegauckte« und damit unverdächtige Bedienstete der Ostberliner Haftanstalten wiederum konnten unter bestimmten Voraussetzungen in die Westberliner Gefängnisse übernommen werden. Zusätzlich haben wir sehr schnell angefangen, auch neues Personal zu rekrutieren.

In diesen gesamten Prozess war ich als Lehrer involviert. Denn bevor wir das neue Personal im Vollzug wirklich einsetzen konnten, musste es erst einmal in Ausbildungslehrgängen geschult werden – das galt für die frisch rekrutierten Neuzugänge und vor allem die übernommenen Ostberliner. Wir mussten vor deren Einsatz eben erst einmal prüfen, ob diese Menschen in der Lage sind, einen Vollzug nach unseren Ideen und Richtlinien durchzuführen.

In Berlin kamen etwa drei Lehrgänge mit jeweils 20 Personen zusammen, insgesamt also rund 60.

Ich habe in zwei dieser Lehrgänge für die Bediensteten aus der ehemaligen DDR politische Bildung unterrichtet. Was durchaus intensive Arbeit bedeutete. Denn man beließ es damals nicht bei ein paar oberflächlichen Unterweisungen, die Kurse dauerten jeweils ein Vierteljahr.

Schließlich gab es viele neue Themenfelder, die dabei vermittelt werden mussten. Es ging um die allgemeine politische Bildung, um das Grundgesetz und damit die Rechtsgrundlagen, die Zielsetzungen im Vollzug, Themenbereiche wie Sicherheit und vieles mehr.

Das hört sich vermutlich einfacher an, als es wirklich war. Denn es war damals eben nicht alles so selbstverständlich, wie es heute wirkt. Die Menschen kamen aus einem völlig anderen System. Das galt für das politische System ebenso wie für das des Justizvollzugs. Vieles von dem, was wir damals in den Lehrgängen vermittelten, war Vollzugsbeamten aus der DDR also vollkommen neu. Hinzu kam, dass nicht jeder Teilnehmer in den Lehrgängen bereitwillig alles Wissen annahm, das wir vermittelten oder zu vermitteln versuchten. Da stand immer auch noch eine Stimmung im Raum, die besagte: »Es war ja nicht wirklich alles schlecht bei uns in der DDR.« Das wiederum war verbunden mit einer kritischen Grundhaltung, hinter der die Vermutung stand, dass wir diese Menschen nun vollkommen umkrempeln und ihnen auch eine Ideologie aufzwingen wollten. Es gab also, zurückhaltend ausgedrückt, einige Widerstände gegen unsere Bemühungen.

Dazu muss ich sagen, dass ich von meinem persönlichen Standpunkt durchaus Verständnis für gewisse Grundideen des Sozialismus hatte. Ich bekam also als Individuum kein Problem damit, wenn mir jemand zu verstehen geben wollte, dass die Grundgedanken des Sozialismus nicht alle vollkommen verkehrt waren.

Darum ging es bei den Lehrgängen aber auch gar nicht. Es war nicht unsere Aufgabe und auch nicht unser Wille, ein System zu verdammen und das andere in den Himmel zu heben. Wir hatten angehenden Mitarbeitern die Unterschiede der Systeme und deren Ausrichtung zu vermitteln. Wir mussten ihnen verständlich machen, dass unser Verständnis von Staat und Demokratie sich eben unter anderem dadurch ausdrückt, dass es auf Wahlen und Meinungsfreiheit basiert. Was bekanntlich in der DDR keine Rolle spielte – dort gab es nur eine Meinung.

Ich habe die Schulungen damals auch trotz der genannten Widerstände sehr gerne durchgeführt, weil es für mich eine Herzensangelegenheit darstellte. Ich bin unserem politischen System gegenüber sicher nicht unkritisch. Aber solange mir niemand ein wirklich besseres System zeigen kann, vertrete ich es gerne und aus Überzeugung. Wir leben in einer freiheitlich demokratischen Grundordnung, die in der Welt durchaus eine Vorbildrolle einnimmt. Das war auch die Grundidee, die wir in den Lehrgängen vermittelt haben.

Doch natürlich ging es bei den Schulungen nicht allein um das Verständnis für den politischen Überbau. Wir haben in den Schulungen auch über das Bild gesprochen, das man als Mitarbeiter im Vollzug von den Gefangenen haben sollte. Ein Bild, das sich ebenfalls vollkommen oder zumindest sehr stark von dem unterschied, was zuvor in den Vollzugsanstalten der DDR alltäglich war. Wir mussten überzeugend vermitteln, dass für uns hinter jedem einzelnen Häftling auch ein Mensch steht, den man als solchen zu behandeln hat. Und ein Mensch hat seine eigene Meinung, die er auch im Vollzug behalten kann.

Wir setzen unsere Grenzen durch Sicherheit und Ordnung, nicht durch eine Ideologie. Soll heißen: Wir wollen die Menschen bei uns im Knast nicht ideologisieren.

Im Jugendvollzug hat das durch den Erziehungsauftrag noch einmal eine andere Dimension. Hier besteht die vorrangige Aufgabe darin, die Strafzeit erzieherisch zu gestalten. Aber eben nicht vor dem Hintergrund, eine wie auch immer geartete Ideologie einzubläuen, sondern darauf hinzuwirken, dass der inhaftierte Jugendliche später ein selbstbestimmtes Leben führen kann und dabei die Rechte anderer berücksichtigt.

In Paragraf 3 des aktuellen Berliner Jugendstrafvollzugsgesetz ist der Erziehungsauftrag so festgeschrieben:

»Der Vollzug ist erzieherisch zu gestalten. Die Gefangenen sind in der Entwicklung ihrer Fähigkeiten und Fertigkeiten zu fördern, dass sie zu einer eigenverantwortlichen und gemeinschaftsfähigen Lebensführung in Achtung der Rechte anderer befähigt werden. Die Einsicht in die beim Opfer verursachten Tatfolgen soll geweckt werden.«

In der DDR ging es um andere Dinge: Junge Menschen sollten zu »sozialistischen Persönlichkeiten« erzogen werden, widerspenstige Jugendliche kamen vielleicht in ein Umerziehungslager und wer als Erwachsener immer noch nicht spurte, bekam schnell die ganze Macht des Apparates zu spüren – die ihn nicht selten in das Stasi-Gefängnis Hohenschönhausen brachte.

Damals, in den späten Achtziger- und auch in den Neunzigerjahren, war ich, wie gesagt, im Erwachsenenvollzug, und dort spielte im westlichen Vollzug der erzieherische Aspekt nur insofern ein Rolle, als es eben auch hier vor allem um ein straffreies Leben nach der Haft geht. Also um Themen wie Resozialisierung oder Integration, Eingliederung in die Gesellschaft ohne Straftaten.

Wir mussten den Neuzugängen unter dem Personal daher auch vermitteln, dass es bei diesen Erwachsenen zwar nach dem Strafvollzugsgesetz ein Ziel des Vollzuges ist, in diese Richtung zu arbeiten. Dass wir aber natürlich keinen unserer Inhaftierten in letzter Konsequenz zwingen können, sich umerziehen zu lassen.

Ein ebenfalls neues Feld war für die Bediensteten aus der ehemaligen DDR die Frage, woran sich eine vorzeitige Entlassung auf Bewährung festmachen lässt. Dass es eben auch in diesem Zusammenhang nicht darum geht, den Menschen ideologisch auf eine Linie zu bringen, sondern dass es ausschließlich anhand der prognostischen Frage abzuwägen ist: Ist der Häftling, wenn wir ihn jetzt vorzeitig aus der Haft entlassen, eine Gefährdung für die Allgemeinheit – ja oder nein?

Aber im Grunde waren all das zwar Themen, über die es im Rahmen der Lehrgänge immer mal wieder Fragen oder Diskussionen gab. Im Alltag des Vollzugs war das dann schon kein Thema mehr – genau aus diesem Grund wurden ja auch die Lehrgänge durchgeführt.

Auch der persönliche Umgang mit den Gefangenen führte zu keinen nennenswerten Problemen. Niemand versuchte, seine wie auch immer gearteten Gewohnheiten aus den DDR-Knästen in unseren westlichen Vollzug einzubringen. Was auch kaum möglich gewesen wäre, schließlich haben wir ja sehr feste Standards. Niemand geht handfester an die Gefangenen heran, als es diese Standards zulassen.

Im Endeffekt funktionierte es alles in allem vom ersten Tag an problemlos. Man muss dazu einfach auch wissen: Diese Menschen, die ehemaligen Mitarbeiter aus dem DDR-Vollzug, wollten diesen Job haben, den man ihnen in Aussicht stellte. Anfangs befanden sie sich in einer Probezeit und haben schon aus diesen beiden Gründen alles unterlassen, was das Ziel einer Festanstellung beziehungsweise dauerhaften Übernahme in den Vollzugsdienst gefährdet hätte.

Mancher allerdings musste sich trotz aller Lernbereitschaft darauf gefasst machen, dass er nicht übernommen würde. Anfangs konnten noch gar nicht alle Überprüfungen durch die Gauck-Behörde rechtzeitig abgeschlossen werden, sodass auch im Nachhinein noch einige aus dem Raster gefallen sind, weil diese Prüfungen eben doch noch etwas zutage förderten, das eine Übernahme verhinderte.

Auf der anderen Seite wurden einige der übernommenen Bediensteten nach einer gewissen Zeit verbeamtet und mussten dann ihren Amtseid auf die Verfassung von Berlin leisten. Was bedeutete, dass sie sich spätestens ab diesem Zeitpunkt ohnehin nicht mehr politisch oder ideologisch artikulieren durften. Wir als Beamte haben schließlich nach dem Beamtengesetz die Verpflichtung, dass wir uns politisch neutral zu verhalten haben.

Das fiel zu diesem Zeitpunkt auch niemandem mehr nennenswert schwer. Ich glaube, insgesamt waren die meisten ganz froh, dass sie sich in gewissem Maße nun wieder »reprivatisieren« konnten. Dass sie also aus dieser politisierten DDR-Lebensweise endgültig befreit waren und sich in ihr Privatleben zurückziehen konnten. Natürlich auch, weil sie nun wieder Geld verdienten und einen festen Job hatten. Und selbst wenn mancher eventuell in seiner Freizeit doch noch etwas DDR-Nostalgie pflegte: Was ein Mensch zu Hause denkt und worüber er mit anderen redet, das geht niemanden etwas an – es darf sich nur nicht auf die Arbeit im Justizvollzug auswirken.

Wie gesagt, es kamen mit der Wende aber nicht nur neue Mitarbeiter aus dem Osten zu uns, sondern auch die übrig gebliebenen Gefangenen. Anders als vielleicht zu erwarten war, gab es in diesem Zusammenhang keine nennenswerten Auffälligkeiten. Sie unterschieden sich kaum von den übrigen Häftlingen, mit einer Ausnahme, zu der ich später noch komme. Was nicht zuletzt daran lag, dass die Palette bei den Gefangenen ohnehin riesengroß ist – immer, von Haus aus. Allein schon durch die Vielzahl an Kulturen, Religionen und auch Bildungsständen. Da spielten die 20 oder 25 Prozent an Neuzugängen aus der ehemaligen DDR kaum eine Rolle. Abgesehen von der großen Zahl stellte das für uns kein Problem dar. Vor allem keines im Vergleich mit den anderen Problemen, die auf uns zukamen.

Ein viel größeres Problem für den Vollzug entstand durch den fast zeitgleichen Zusammenbruch der Sowjetunion. In dieser Zeit zog es eine sehr große Anzahl von Straftätern aus den ehemaligen GUS-Staaten nach Deutschland und nicht zuletzt auch nach Berlin. Das führte zu massiven Komplikationen im Vollzug. Denn nun bekamen wir es verstärkt mit sehr gewalttätigen Menschen zu tun, die zudem häufig auch noch militärisch ausgebildet waren.

Das ging nicht massiv oder gar explosionsartig los, sondern entwickelte sich kontinuierlich. Von Jahr zu Jahr kamen immer etwas mehr Menschen, und die Lage wurde immer ein bisschen brisanter. Ich hörte auch regelmäßig von Kollegen aus anderen Bundesländern, dass es fast überall Probleme in den Anstalten gab mit Häftlingen aus diesen Gruppen und mit deren Subkultur – nicht zuletzt in Form von Gewalttätigkeiten durch Häftlinge.

Die Taten, für die diese Täter in Haft saßen, ließen sich im überwiegenden Teil der Fälle grob als Banden- oder auch Mafia-Geschichten zusammenfassen.

Außerdem waren diese Straftäter immer sehr fest verankert in ihren nationalen Gruppierungen. Das heißt, sie waren immer mit Landsleuten zusammen – Russen gerne mit Russen, Ukrainer mit Ukrainern und so weiter. Wir haben immer gesagt: Zwei Russen in einer Unterrichtsgruppe sind schon eine kleine Mafia.

Das (Un)Recht der Stärkeren – Hierarchie baut auf Muskelkraft und gute Kontakte

Der Klügere gibt nach – diese Regel gilt auch bei den Häftlingen im Vollzug. Allerdings nicht freiwillig, sondern gezwungenermaßen: Im Knast bestehen Hierarchien, die sich deutlich von denen des Alltags unterscheiden. Vor dem Köpfchen zählt hier immer noch vor allem die Dominanz, die nicht zuletzt aus der körperlichen Stärke resultiert. Wer sportlicher, stärker oder auch extrovertierter ist, der hat das Sagen.

Das heißt also im Umkehrschluss, dass alle, die etwas schwächlich sind und nicht dem Machotypus entsprechen, es im Vollzug schwerer haben.

Grundsätzlich ist der bisherige soziale Status des Einzelnen hinter Gittern zunächst einmal egal. Mit dem Haftantritt und dem Bezug des Haftraumes verlässt jeder Mensch sein gewohntes soziales Umfeld. Er lässt im Grunde alles erst einmal hinter sich, was ihn draußen ausmachte, und er muss sich nun in einem für ihn vollkommen neuen und in sich geschlossenen sozialen System behaupten. Der Gefangene ist also von jetzt auf gleich Bestandteil einer Gruppe, die er sich nicht selbst ausgesucht hat, in der es keine vertrauten Gesichter gibt und in der er nicht selbst die Menschen auswählen kann, von denen er umgeben ist oder mit denen er zusammen sein möchte. Ohne auf das vertrauen zu können, was er bisher leistete und was ihm Ansehen verschaffte, muss jeder Einzelne sich nun von einem Nullpunkt an Ansehen verschaffen.

Zudem ist der Einzelne im Alltag des Vollzugs immer wieder neuen Situationen ausgesetzt, denen er sich in Freiheit möglichst schnell entziehen würde, weil er sie als unangenehm empfindet und nicht zuletzt auch für gefährlich hält. Zu diesen Situationen zählen natürlich auch Begegnungen mit anderen Inhaftierten.

Zwar sorgen die Bediensteten des Allgemeinen Vollzugsdienstes für Ordnung und Sicherheit, trotzdem bedeutet der Vollzug zumindest für einen erstmalig in Haft Sitzenden, dass er einem Umfeld ausgesetzt ist, das ihm persönlich nicht mehr die gewohnte Sicherheit und den gewohnten Zusammenhalt bietet.

Stattdessen erfahren gerade Neuankömmlinge schnell, dass sie sich erst einmal behaupten müssen, um ihre Stelle in der internen Hackordnung zu finden. Tun sie das nicht, setzen sie sich auch der Gefahr aus, von anderen schikaniert oder unterdrückt zu werden.

Gerade in einer Haftanstalt für Männer beziehungsweise männliche Jugendliche müssen Neuzugänge sich Respekt verschaffen, und zwar nicht zuletzt dadurch, dass sie den anderen deutlich zeigen, dass sie sich nichts gefallen lassen. Zu diesem Zweck wird dann eben vornehmlich jenes Mittel eingesetzt, das unter Männern schon seit Anbeginn der Zeiten immer wieder Wirkung zeigt – körperliche Kraft.

Nun ist es in einer Vollzugsanstalt natürlich undenkbar und unmöglich, dass die Inhaftierten sich ständig zu Faustkämpfen treffen oder einfach aufeinander losgehen, um ihre Machtkämpfe auszufechten.

Trotzdem ist körperliche Gewalt auch ein Thema in einer Haftanstalt. Erst kürzlich kam es sogar bei uns im Schulbereich zu einer Schlägerei. Zwei jugendliche Gefangene gingen zusammen in die Toilettenräume oder trafen dort aufeinander. Dann kam es zu einem Kampf, dessen Hintergrund nach bisherigen Erkenntnissen rein auf eine gegenseitige Abneigung zurückzuführen war. Ernstlich verletzt wurde keiner der beiden – kurios an diesem Ereignis war vor allem der Umstand, dass es zwar zahlreiche Zeugen für die Schlägerei gab, man den Kontrahenten die Spuren des Kampfes anschließend auch deutlich ansehen konnte; trotzdem beharrte einer der beiden bei den anschließenden Befragungen eisern darauf, dass er zu dem Zeitpunkt gar nicht in den Toilettenräumen war und nichts von einer Schlägerei wusste.

Doch solche Tätlichkeiten sind eben nicht alltäglich. Meist wird körperliche Dominanz auf eine andere Art und Weise zur Schau gestellt. Gerade im Jugendvollzug geht es dabei auch um den ganz alltäglichen Körperkontakt, etwa bei den Begrüßungsritualen. Man kann es grob beschreiben als ein typisch pubertäres oder vielleicht auch pseudomännliches Gehabe vor allem bei den jüngeren unter diesen allgemein noch recht jungen Gefangenen.

Man sagt also nicht einfach »Hallo« oder gibt sich die Hand. Stattdessen werden Begrüßungsrituale absolviert, wie man sie aus unzähligen Filmen kennt, vor allem denen aus den USA. Zwei Jungs gehen aufeinander zu, dann folgt eine Kombination aus Handschlag und Abklatschen, gegenseitigem Ziehen und Auf-den-Rücken-Klopfen. Ein jugendliches Gehabe im Machostil also, das aber neben der reinen Begrüßung auch eine Zurschaustellung der eigenen Kraft beinhaltet. Wer dabei mitmacht und auch in den Augen der anderen angemessen abschneidet, sichert zumindest in gewissem Maße seinen Status und wird von der Gruppe nicht von vornherein als Opfer gewertet.

Das heißt natürlich im Umkehrschluss auch, dass es die eher weichlichen Jugendlichen, die sich bei solchen Ritualen nur begrenzt in Szene setzen können, schwer haben innerhalb der Anstaltsmauern. Selbst mit einer gewissen Schläue wird es ihnen schwerfallen, sich in diesem Umfeld zu behaupten. Im Umfeld einer Justizvollzugsanstalt gibt es wenig Möglichkeiten, sich allein mit seinen geistigen Fähigkeiten zu behaupten – jedenfalls außerhalb der Schulräume.

Sicher hört man von Zeit zu Zeit Geschichten aus dem Erwachsenenvollzug, in denen es beispielsweise um den inhaftierten studierten Juristen geht, der sich bei den Mitgefangenen Respekt verschafft, weil er ihnen bei Anträgen oder rechtlichen Fragen behilflich ist. Aber auch so ein Ausnahmefall muss sich immer wieder die Frage stellen, was mit ihm geschieht, wenn er dem körperlich Überlegenen eben nicht die gewünschte oder vielmehr geforderte Hilfe anbietet. Im Umfeld der jugendlichen Gefangenen ist der Häftling, der sich durch Schläue nach oben arbeitet, aber nicht existent oder mir zumindest bisher noch nicht begegnet. Noch prekärer wird die Lage, wenn der Gefangene homosexuell ist oder zumindest von den anderen so eingestuft wird.

Alles in allem bedeutet die von Körperlichkeit bestimmte Hierarchie, dass also der Schwächere vom Stärkeren dominiert wird. Das wiederum hat jedoch nicht nur zur Folge, dass er sich eventuell auf Schläge gefasst machen muss – vielmehr geht es darum, dass der Schwächere eben die Opferrolle einnimmt, die sich auch in der Form ausdrückt, dass man von ihm gewisse Dienste einfordert.

Das zeigt sich manchmal schon auf einer auf den ersten Blick eher banalen Ebene. Wenn etwa der Stärkere zu dem

Schwächeren sagt: »Wirf mal meinen Apfelrest in den Papierkorb.« Weiter geht es dann auf der nächsten Ebene damit, dass der Schwächere vielleicht etwas von seinem Eigentum abzugeben hat oder dass er von seinem eigenen Geld für den anderen einkaufen muss.

Im schulischen Alltag begegnen mir die Auswirkungen dieser Hierarchien ebenfalls immer wieder. Da wird dann mal ein Mitschüler auf fast schon kindlicher Ebene dadurch gepiesackt, dass ihm ein anderer immer wieder mit dem Bleistift in den Arm sticht. Manchmal geht es auch darum, dass jemand aufgefordert wird, etwas von dem Papier aus seinem Ordner abzugeben.

Das unterbinden wir natürlich, wenn wir es mitbekommen. Doch was ich und andere Lehrer registrieren, ist natürlich nur die Spitze des Eisberges. Dahinter verbergen sich nicht selten noch viel weiter gehende Geschichten, deren wahres Ausmaß sich erst im vollzuglichen Alltag außerhalb der Schulmaßnahmen zeigt.

Zeitweise begegnen uns die hierarchischen Spielchen oder Machtkämpfe im schulischen Bereich aber auch auf eine Art, bei der man zumindest zweimal hinschauen muss, um den wahren Hintergrund überhaupt zu erkennen.

So existiert in der Jugendstrafanstalt Berlin zwar kein Schulhof, auf dem man sich die Zeit zwischen den jeweils 90-minütigen Unterrichtseinheiten vertreiben kann, aber es gibt einen Schulflur inklusive eines kleinen Aufenthaltsbereiches mit Stühlen.

Dort wird dann in den Schulpausen auch mal mit Karten gespielt. Das können wir grundsätzlich tolerieren, wenn es bei diesem Kartenkloppen um nicht mehr geht als um das Verlieren und Gewinnen des Spiels aus Spaß an demselben. Doch es kann natürlich auch vorkommen, dass die Spiele nicht einfach nur aus Spaß gespielt werden, sondern dass das

Gewinnen und Verlieren sich in weiterreichenden Folgen ausdrückt: zum Beispiel dadurch, dass der Verlierer sich zu irgendetwas verpflichtet, weil er dem Gewinner nun eine Gefälligkeit schuldet oder für sein Verlieren mit Waren zu bezahlen hat. Wenn es sich um solche Spiele handelt, kann man sich im Grunde auch sicher sein, dass dieses Kartenspiel nichts mehr mit einem Glücksspiel zu tun hat. Vielmehr spielt auch dabei dann die Hierarchie mit – und zwar in der Form, dass die Schwächeren auf jeden Fall über den Tisch gezogen werden. Wir wissen zwar nicht genau, wie das Prinzip dahinter im Detail funktioniert, aber wir wissen, was es damit auf sich hat. Denn es wird nie geschehen, dass bei einem dieser Kartenspiele der Stärkere und Mächtigere verliert oder dass der Stärkere danach einem Schwächeren etwas schuldet.

Sobald wir das Gefühl haben, dass tatsächlich um Waren oder andere Werte gespielt wird, unterbinden wir es und verbieten das Kartenspielen in der Pause. Ich habe allerdings im Laufe der Jahrzehnte gelernt, dass es immer wieder die gleichen Wellenbewegungen gibt: Mal wird eine ganze Weile nur einfach zum Spaß gespielt, dann kommt wieder eine Welle, bei der wir das Spielen nicht tolerieren und verbieten müssen. Bis man es dann nach einer Weile wieder zulässt und das Ganze von vorne losgeht.

Wenn wir von Hierarchien reden, dann muss ich auch noch ein weiteres Thema ansprechen. Denn über die Einstufung in der Hackordnung einer Haftanstalt entscheidet noch ein weiterer Punkt, der nichts mit den körperlichen Voraussetzungen des Einzelnen zu tun hat.

Mit entscheidend für das Ansehen in der Anstalt ist auch die Straftat, die dazu geführt hat, dass jemand nun in Haft sitzt. Wohl jeder hat schon einmal die Aussage gehört, dass Sexualstraftäter im Vollzug ganz unten auf der Ansehensskala angesiedelt sind – das wird uns schließlich in unzähligen

Krimiserien und auch Spielfilmen immer wieder erzählt. Tatsächlich verbirgt sich dahinter nicht nur irgendeine Vermutung eines ahnungslosen Drehbuchautoren. Diese Aussage entspricht durchaus der Wahrheit: Im Männervollzug sind Sexualstraftäter ganz weit unten angesiedelt, noch geringeres Ansehen genießen nur jene Häftlinge, die sich für sexuellen Kindesmissbrauch verantworten müssen.

Diese Personen haben in der Regel auch keinerlei Möglichkeit, innerhalb der Hierarchie aufzusteigen. Sie werden keine Freundschaften schließen können und werden von den übrigen Gefangenen gemieden – wenn sie Glück haben.

Ein Grund dafür ist sicherlich, dass die übrigen Gefangenen immer auch an ihre Familien außerhalb des Gefängnisses denken. Die Erwachsenen haben häufig Kinder, die Jüngeren haben Geschwister – und die Vorstellung, dass sich ein Sexualstraftäter an denen vergeht, während sie selbst, ohne die Chance, eingreifen zu können, im Gefängnis sitzen, ist für sie unerträglich und verstärkt noch die Wut auf die mit ihnen inhaftierten Sexualstraftäter.

Ein weiterer Punkt ist die sogenannte Ehre: Unter manchen Kriminellen gilt es immer noch als ehrenhaft, wenn sie sich mit gleich starken oder sogar stärkeren Gegnern anlegen. Ehrlos ist dagegen jener, der sich an Schwächeren vergreift, was zunächst einmal für Frauen und Kinder gilt. Hinzu kommt, bezogen auf Sexualstraftaten gegenüber erwachsenen Frauen, die in der Machowelt vertretene Überzeugung, dass ein Mann eine Frau erobert – wer eine Eroberung mit Gewalt umgeht, beweist damit seine Unfähigkeit zur Eroberung.

Der absolute Gegenpol des Sexualtäters in der auf Straftaten basierenden Hierarchie sind Bandenmitglieder: Die typischen Bandenkriminellen genießen einen recht hohen Status innerhalb dieses ganz speziellen Sozialsystems.

Die Gründe dafür sind vielfältig. Einer ist der dahinter vermutete »geschäftliche« Erfolg. Ein Mitglied einer eventuell sogar bekannten Bande kann davon erzählen, dass er gemeinsam mit seiner Gruppe richtig viel Kohle gemacht hat, dass er und die anderen davon sehr gut leben konnten – was nicht jeder Kriminelle von sich behaupten kann und was schon aus diesem Grund zu einem gewissen Status führt.

Auf der anderen Seite impliziert der Begriff »Bande« auch eine Information, die für den Status innerhalb der Anstalt ebenfalls nicht unwichtig ist: Ein Mitglied einer Bande ist nicht allein. Es hat außerhalb des Gefängnisses Menschen, die auf seiner Seite stehen. Vielleicht ist auch noch ein weiteres Bandenmitglied in Haft. In beiden Fällen bedeutet das eine größere Macht im Vergleich zu einem Einzeltäter. Wer sich mit einem Bandenmitglied anlegt, kann schnell Schwierigkeiten bekommen, wer sich dagegen mit dem Bandenmitglied gut stellt, kann eventuell sogar selbst darauf hoffen, dass ihm das Vorteile einbringt.

Komplizierter wird der Zusammenhang zwischen Straftat und Ansehen, wenn es sich um schwerwiegendere Gewalt oder auch um Tötungsdelikte handelt. So zeugt natürlich ein Mord auch von einer gewissen Rücksichtslosigkeit des Täters. Davon, dass bei ihm mit dem Einsatz körperlicher Gewalt in besonderem Maße zu rechnen ist. Doch speziell im Jugendvollzug ist ein Mord nichts, das dem Täter ein höheres Ansehen einbringt.

Natürlich kann es mal Aussagen geben wie »Der hat einen umgebracht« – verbunden mit der unausgesprochenen Botschaft, dass derjenige sich ja ganz schön was getraut hat.

Auf der anderen Seite ist bei den Jugendlichen ein Mord aber eher mit einer gewissen Scham belegt. Schließlich ist nicht jeder Inhaftierte von sich aus ein sehr gewalttätiger Mensch. Da gibt es durchaus Grenzen, die man nicht überschreiten mag.

Und einen Menschen getötet zu haben, ist nichts, was andere wirklich nachhaltig in der Form beeindruckt, dass es dem Mörder einen erhöhten Status einbringt.

Hinzu kommt, dass auch diejenigen, die tatsächlich eine solche Tat begangen haben, darauf nicht stolz sind. Wer wegen eines Mordes oder einer anderen brutalen Gewalttat verurteilt wird, gibt in der Regel damit nicht vor den übrigen Gefangenen an.

Ein weiteres zweischneidiges Schwert ist die Bekanntheit oder die Medienpräsenz. Schließlich leben wir in einer Zeit, in der über fast alle größeren Straftaten berichtet wird – im Internet, im Fernsehen oder wo auch immer. Es kann also durchaus vorkommen, dass ein Neuzugang in der Vollzugsanstalt den anderen Inhaftierten bekannt ist, da sie schon von ihm und seiner Tat gehört haben.

Bei besonders spektakulären Einzelfällen spielt das dann im persönlichen Umgang untereinander schon eine Rolle. Nicht selten handelt es sich dabei ja auch um Intensiv- und Mehrfachtäter, die auf eine gewisse »Erfolgsbilanz« verweisen können.

Doch anders, als man vielleicht vermuten mag, ist die Bekanntheit nicht automatisch verbunden mit einem erhöhten und positiven Statuswert. Häufig ist sogar das Gegenteil der Fall. Denn auch ein Krimineller konsumiert die Medien nicht sehr viel anders als der Normalbürger. Auch er wird mitbekommen, dass der Mensch und seine Tat in der Öffentlichkeit nicht gerade positiv bewertet wurden, was dann im Knast auch zu einer negativen Bewertung des vermeintlichen Medienstars führen kann. Was derjenige getan hat, war vielleicht spektakulär, verdient aber aus Sicht der Gefangenen nicht von vornherein einen positiven Status.

Man muss dabei immer auch berücksichtigen, dass es den Inhaftierten nicht an erster Stelle um den Status der anderen geht, sondern vielmehr um ihren eigenen Status und darum, wie sie die Haftzeit für sich selbst möglichst reibungslos oder angenehm absolvieren können. Da wird es dann eher als Last empfunden, mit einem durch die Medien bekannten Typen zusammen sein zu müssen, der alle Aufmerksamkeit auf sich zieht oder es zumindest versucht.

Wenn es um die Taten und den damit verbundenen Status in der Haft geht, dann muss natürlich auch ein weiteres Thema erwähnt werden: Rechtsradikale, Neonazis und Skinheads. Schließlich liegt auf der Hand, dass es für Gefangene mit derartigem Hintergrund innerhalb der Anstaltsmauern unangenehm wird, wenn sie ihre Ideologien verbreiten wollen und nicht auf Gleichgesinnte bauen können. Schließlich kommen Sprüche wie »Ausländer raus« in einem Umfeld denkbar schlecht an, das zu einem großen Teil aus Personen besteht, die im allgemeinen Sprachgebrauch eben als Ausländer oder als Deutsche mit Migrationshintergrund beschrieben werden.

Mein Problem ist, dass ich dazu aus eigener Erfahrung eher wenig sagen kann. Bei uns in der Anstalt und auch in Berlin allgemein haben wir keine gravierenden Neonazi- und Skinhead-Probleme. Was an sich schon erstaunlich ist – man müsste eigentlich denken, dass es in so einer Großstadt deutlich mehr Schwierigkeiten auf diesem Gebiet gibt. Im Erwachsenenvollzug begegnet uns zwar der eine oder andere härtere Neonazi, aber speziell bei den Jugendlichen ist das eher selten der Fall. In den Berlin umgebenden Bundesländern sieht dies schon anders aus, wie aktuelle Zahlen zu politisch motivierter Kriminalität aus dem rechten Umfeld im Bundesländervergleich zeigen. Der Migrantenanteil in den dortigen Gefängnissen ist auch generell wesentlich geringer als in den Anstalten der alten Bundesländer.

Aber zurück nach Berlin: Wenn ich »selten« sage, bedeutet das natürlich auch, dass solche Fälle schon dann und wann vorkommen. Ich erinnere mich an Lars, einen Brandstifter mit Neonazi-Background, den wir bei uns hatten. Der hatte mehrmals versucht, Häuser türkischer Familien anzuzünden.

Lars kam zwar aus dem rechtsradikalen Milieu, was man ihm allerdings nicht ansah. Das war kein Skinhead, sondern eher ein Jüngelchen, das man eigentlich auf dem Gymnasium vermuten würde. Bei uns hat der in der Kirchengruppe Gitarre gespielt.

Was aber auch ins Bild passt, wenn es um die Frage geht, welchen Status ein Neonazi in einem multinationalen Umfeld wie dem einer Jugendhaftanstalt einnimmt. Bei den Neonazis, mit denen ich in Berührung gekommen bin, habe ich immer festgestellt, dass sie sehr wohl ahnen, was in der Haft auf sie zukommen kann.

Denen war durchaus bewusst, dass sie mit einer zur Schau getragenen Neonazi-Haltung keinen Fuß auf die Erde bekommen. Das führte dann dazu, dass sich Lars in der Anstalt nicht als Neonazi präsentierte, sondern sich an die örtlichen Umstände anpasste. Nach meiner Einschätzung, und ich habe ihn etwas kennengelernt, war er ohnehin kein politischer Hardliner, sondern ein verführter Mitläufer, der Gruppenzugehörigkeit und Anerkennung suchte. Wie die meisten Neonazis, die ich erlebte, wurde er sehr schnell ruhig, hielt sich mit Äußerungen zurück, die seine eigentliche Gesinnung entlarven könnten. Im Grunde tauchen Neonazis und Skins vorübergehend in der Gruppe unter, was ihnen zwar keinen positiven Status verschafft, aber auch nicht den zutiefst negativen Status, der ihnen als bekennende Rechtsradikale gewiss gewesen wäre. Lars machte bei uns eine Metallbauer-Ausbildung, spielte gern in der Theatergruppe mit und ging nach der Haftentlassung einen guten, unpolitischen Weg.

Allerdings sollte das nicht in der Hinsicht überbewertet werden, dass solche rechtsradikalen Täter am Ende immer geläutert wieder in die Freiheit entlassen werden können und von ihrer früheren Gesinnung nichts mehr wissen wollen. Die Anpassung stellt oft Eigenschutz dar und nicht zwangsläufig eine Veränderung der Persönlichkeit, die über die Haftdauer hinaus anhält. Gerade für rechte Jugendliche, die aussteigen wollen, gibt es allerdings gute Angebote und Programme, sie dabei zielführend zu unterstützen.

Die Russen kommen und ein Sprachproblem – Wie die Neunzigerjahre die Arbeit veränderten

Dass mit den beginnenden Neunzigerjahren verstärkt Straftäter aus der zerfallenen Sowjetunion nach Deutschland und damit nach Berlin kamen, brachte eine große Zahl an Veränderungen für die Arbeit im Vollzug allgemein und auch für meine Arbeit mit sich. Unter anderem führte diese für uns damals noch neue Gruppe von Straftätern auch zu einem Wandel, der die Hierarchien innerhalb der Gefängnismauern beeinflusste.

Es machte sich nämlich schnell bemerkbar, dass die russischen Inhaftierten eine sehr strenge subkulturelle Machtstruktur entwickelten.

Da gab es die Bosse und deren Diensttuende, dazu die Vollstrecker und am unteren Ende der Hierarchie Opfertypen, die alles zu tun hatten, was man ihnen auftrug. Die Höhergestellten haben also ihre Position in der Hierarchie der Subkultur genutzt, um die anderen Dienste für sie erledigen zu lassen – und sei es nur das Saubermachen des Haftraums. Oder um sich materielle Vorteile zu verschaffen: Wer durch Teilnahme an den Beschäftigungs- oder Lernangeboten Geld verdient, der kann damit im Vollzug ja auch 14-tägig Genussmittel einkaufen. In der Hierarchie war es daher fest verankert, dass die Unteren an die Oberen einen Teil ihres Einkommens oder ihrer Waren abzugeben hatten.

Hinzu kam für die Opfertypen die Übernahme von riskanteren Aufgaben, also von nicht erlaubten Tätigkeiten. Denn wurden diese niederrangigen Mitglieder bei derartigem erwischt, blieb die höhergestellte Struktur intakt. Dass das Opfer schweigen würde, davon konnte man ausgehen, weil man mit entsprechenden Drohungen vorsorgte. Insgesamt handelte es sich also um ein Machtgeflecht mit einer sehr fixierten Struktur über mehrere Ebenen.

Diese Strukturen bestanden in der Regel draußen schon und kamen dann ohne große Veränderungen mit den Straftätern in den Vollzug. Wer also draußen bereits Boss war, nahm diese Rolle auch in der Haftanstalt weiter ein, das Gleiche galt für die Dienstleistenden und die Opfertypen.

Allerdings konnte es über einen längeren Zeitraum dann auch dazu kommen, dass sich die Strukturen veränderten oder neu zusammensetzten. Nicht weil jemand einen Putsch versuchte, um den Boss abzusetzen und dessen Rolle zu übernehmen. Vielmehr ließen sich regelrechte Beförderungen beobachten, durch die jemand auf der Machtleiter von der untersten Stufe auf die nächsthöhere wechselte, wenn er lange genug die Opferrolle zur vollen Zufriedenheit der Oberen ausgefüllt hatte.

Wenn ich sage, dass wir das beobachten konnten, dann ist das allerdings nur die halbe Wahrheit. Für uns war es immer sehr schwer, das alles zu durchschauen beziehungsweise hinter die Fassaden dieser Strukturen zu blicken. Denn nach außen haben sich solche Gruppierungen ganz massiv abgegrenzt. Sie haben immer alles versucht, damit ihnen niemand in die Karten schauen kann.

Eine wesentliche Rolle dabei spielte die Sprache, die zusätzlich zur Abgrenzung gegenüber den damals immer noch überwiegend deutschen Inhaftierten und auch dem insgesamt deutschsprachigen Vollzug beitrug. Denn die Häftlinge aus den ehemaligen GUS-Staaten dachten gar nicht daran, ihre Gespräche in deutscher Sprache zu führen.

Auch innerhalb der großen Gruppe der Inhaftierten blieben diese Gruppierungen meist unter sich. Natürlich gab es immer auch den Wunsch oder die Tendenz, größer zu werden und damit die eigene Machtbasis zu verstärken. Doch das geschah nicht um jeden Preis – Wachstum wollte man ausschließlich durch seinesgleichen erreichen. Ostblock blieb Ostblock in der Haftanstalt. Da wurde vielleicht auch mal ein Rumäne rekrutiert. Aber die deutschen Häftlinge und diejenigen aus anderen Nationen stellten eine Konkurrenz dar – mit denen hat man sich nicht verbrüdert, sondern von denen hat man sich abgegrenzt.

Das Thema Konkurrenz ist durchaus typisch für den Vollzug. Es geht unter anderem darum, wer in einem Unterbringungsbereich die Macht und damit das Sagen hat. Mal ist es die Russenmafia und mal – in den späteren Jahren – die Arabermafia, die als dominante Gruppierung das Sagen hat. Die anderen müssen sich fügen oder sind die Mitläufer.

Von diesen Entwicklungen, die in den frühen Neunzigerjahren ihren Anfang nahmen, berichte ich aus gleich mehreren Gründen. Denn einerseits sollte von da an das Thema Sprache für mich als Lehrer einen immer größeren Raum einnehmen, zum anderen wurden durch die osteuropäischen Inhaftierten auch die Unterschiede im Lernverhalten und der Bildung im Vergleich zu meinen bisherigen Schülern deutlich. Und nicht zuletzt reichten die subkulturellen Machtstrukturen der einzelnen Gruppen bis hinein in meinen Schulraum. Es konnte nämlich durchaus vorkommen, dass der russische Boss einem rangniederen Mitglied seiner Gruppierung befahl, die Hausaufgaben für ihn zu machen.

Für den Erwachsenenvollzug will ich ebenfalls nicht ausschließen, dass vielleicht die Bosse den Untergebenen überhaupt den Auftrag gaben, an einer bezahlten Maßnahme wie Schule oder Arbeit teilzunehmen, um eben für sie Geld zu beschaffen. Im Jugendvollzug war das jedoch nicht möglich, weil wir immer darauf bedacht sind, dass möglichst alle Inhaftierten in Bildungs- oder Beschäftigungsmaßnahmen kommen. Da durfte es eigentlich nicht passieren, dass sich jemand über längere Zeit auf die faule Haut legt und einen anderen das Geld verdienen lässt.

Abgesehen von ihren durchaus durchorganisierten Strukturen und ihrer strikten Abgrenzung unterschieden sich in Inhaftierten aus den ehemaligen GUS-Staaten noch in einem weiteren und sehr wesentlichen Punkt von den übrigen Häftlingen. Dieser Punkt sollte gerade für meine Arbeit von Bedeutung sein: Sie waren traditionell immer gut ausgebildet und gebildet. Der überwiegende Teil dieser Menschen hatte regelmäßig eine Schule besucht, viele waren auch in Berufen ausgebildet.

Der häufig zum Lebenslauf zählende Dienst in der Armee spielte ebenfalls eine Rolle, denn dort bekamen die Menschen neben der militärischen Ausbildung ebenfalls weitere Bildung vermittelt.

Natürlich gab es unter den Häftlingen aus dem Osten auch einige, die aus ländlichen Regionen stammten und über einen geringeren Bildungsstand verfügten. Aber selbst bei denen waren die Grundlagen – zum Beispiel im Bereich Mathematik – meist vorhanden.

Im Unterricht sind sie daher immer relativ gut mitgekommen. Nicht zuletzt deswegen, weil sie ein recht diszipliniertes Lernverhalten an den Tag legten. Was wiederum ebenfalls darauf zurückzuführen war, dass ihnen zuvor schon an den Schulen oder durch den Einsatz in der Armee eine gewisse Grunddisziplin antrainiert wurde.

Wie ich schon erwähnte, unterhielten sich die Häftlinge aus der ehemaligen Sowjetunion mit Vorliebe und eigentlich ausnahmslos in ihrer eigenen Sprache. Genau das aber stellte eines der großen Probleme dar, vor dem wir seinerzeit verstärkt standen und das uns bis heute nicht mehr losgelassen hat: das Sprachproblem.

Die Häftlinge aus Osteuropa und Russland mussten nicht zuletzt auch sprachlich gebildet werden. Damit standen sie allerdings nicht alleine. In der ehemaligen DDR lebte eine vergleichsweise große Zahl an Vietnamesen, die als Zuwanderer in das Land kamen und dort arbeiteten. Das wiederum führte auch zu einer recht hohen Anzahl vietnamesischer Gefangener, die nach der Schließung der Gefängnisse im ehemaligen deutschen Osten zu uns kamen. Diese Menschen sprachen ebenfalls kaum Deutsch, und wir mussten ihnen daher entsprechende Lern- und Bildungsangebote vor allem im Bereich Sprache machen.

Viele Vollzugsanstalten haben zu jener Zeit Lehrer eingestellt, die Russisch und manchmal auch Vietnamesisch als Fach oder als Sprache hatten. Was allerdings nicht die einzige Möglichkeit darstellt, wenn man Sprachkenntnisse vermitteln will: Es ist immer eine Frage, wie man mit einem solchen Thema beziehungsweise der Aufgabe umgeht. Auch Englischunterricht wird schließlich häufig ausschließlich in der Fremdsprache durchgeführt, sodass man durchaus auch mit Russen einen Deutschunterricht in der deutschen Sprache machen kann.

Es sollte sich aber zeigen, dass es hilfreich war, wenn der Unterricht nicht ausschließlich in der Fremdsprache Deutsch durchgeführt wurde, sondern es eben noch zusätzliche Angebote gab.

Vor allem weil die russischen Gefangenen im Unterricht immer wieder »abglitten«, solange sie sehr wenig Deutsch beherrschten.

Das verstärkte sich noch, sobald mehrere von ihnen gleichzeitig in der Klasse waren. Zwei oder drei Russen in einem solchen Sprachunterricht zu haben war massiv problematisch, weil diese sich dann subkulturell einkapselten, sodass man am Ende mehr Probleme mit der Subkultur hatte als mit dem Sprachunterricht. Deswegen haben wir dann eher gemischte Sprachgruppierungen realisiert, sodass Russen, Vietnamesen und andere Nationalitäten in heterogenen Unterrichtsblöcken zusammengefasst und in der deutschen Sprache unterrichtet wurden.

Die Bereitschaft zur Teilnahme an solchen Sprachkursen war übrigens immer ziemlich groß – trotz aller Gruppenbildung untereinander, trotz aller Abkapselung vom übrigen Umfeld. Denn auch wer sich noch so sehr in die Nische seiner Landsleute zurückzieht, bekommt es immer wieder mit der Realität zu tun, dass es sich bei uns um einen deutschen Strafvollzug handelt. Ein Vollzug, in dem ein Deutsch sprechender Vollzugsdienst arbeitet und in dem auch wichtige Formulare in deutscher Sprache verfasst sind.

Das wiederum führt dazu, dass Gefangene mit geringen deutschen Sprachkenntnissen immer unter einem gewissen Leidensdruck stehen, weil sie innerhalb der Anstalt nur wenige Möglichkeiten haben, um zu kommunizieren und ihre Wünsche oder auch Forderungen deutlich zu machen.

Gerade die Russen waren grundsätzlich immer auch sehr bildungsbereit, nicht nur im Hinblick auf die Sprache. Durch ihre meist vorhandene Vorbildung brachten sie von Haus aus ein gutes Gefühl dafür mit, dass Bildung ihnen nützen kann – wofür auch immer.

Doch diese Bereitschaft zur Weiterbildung war nicht mit dem Wunsch verbunden, auf diese Weise einen Ausweg aus ihrem kriminellen Leben zu finden. Trotz aller Bemühungen konnten wir den größten Teil dieser russischen Häftlinge nie aus ihrem Milieu herausholen, weil sie sich eben nicht nur in der Haftanstalt in subkulturellen und von Hierarchien geprägten Umfeld aufhielten, sondern die Lebenszusammenhänge auch außerhalb der Anstalt von regelrechten mafiösen Strukturen geprägt waren.

Insgesamt war das Thema Russen schon sehr prägnant und wichtig im Vollzug und auch im gesamten Berlin der Neunzigerjahre. Es überrollte uns wie eine Welle – aber wie es bei einer Welle nun mal ist, ebbte sie schließlich wieder ab beziehungsweise wurde sie von anderen Themen überlagert.

Von Themen, die im Knast immer auch mit dem zusammenhängen, was in der übrigen Welt geschieht. Daher spielten für uns bald auch die Jugoslawienkriege beziehungsweise der Balkankonflikt und dessen Auswirkungen eine Rolle. Seit dem Beginn der Neunzigerjahre fanden auf dem Gebiet des ehemaligen Jugoslawien eine Reihe von kriegerischen Auseinandersetzungen statt, die schließlich zum Zerfall des Staates führten – vom Kroatienkrieg über den Balkankrieg bis zum Kosovokrieg. In diesen Jahren flohen sehr viele Menschen aus der Region, und nicht wenige kamen aus Serbien, Kroatien oder Bosnien zu uns. Zu uns nach Deutschland, und dann auch vermehrt zu uns in die Vollzugsanstalten. Was die Sprachproblematik noch einmal verschärfte.

Doch das war noch nicht alles. Zusätzlich fanden Einwanderungen aus dem asiatischen Bereich statt. Aus dem palästinensisch-libanesischen Raum kamen ebenfalls kontinuierlich Menschen nach Deutschland, häufig in Form ganzer Großfamilien.

Der Unterschied zu den Zuwanderern aus dem russischen Raum bestand vor allem darin, dass gerade die Familien aus dem asiatischen Raum immer nur über einen sehr geringen Bildungsstand verfügten. Aus diesem Grund bekamen sie hier häufig gesellschaftlich nie wirklich ein Bein an die Erde. Was dann wiederum zu der Kettenreaktion führte, dass sie bald häufig in kriminelle Aktivitäten verstrickt waren und sich auch bei ihnen mafiöse Strukturen bildeten. Bis heute gibt es in Berlin Stadtviertel, die fest in der Hand von bestimmten Großfamilien sind – verbunden mit massiven Problemen für die Polizei.

Der Zuzug dieser in sich geschlossenen Gruppen führte schließlich dazu, dass sich in den Vollzugsanstalten weitere in sich geschlossene Gruppierungen bildeten. Es waren zum Ende der Neunzigerjahre daher nicht mehr nur die Russen, die in Form einer hierarchisch aufgebauten und einer mafiaähnlichen Gruppe auftraten. Hinzu kamen unter anderem Libanesen und weitere Asiaten, die sich mehr oder weniger abschotteten in ihrer eigenen Subkultur.

Das bedeutet allerdings nicht, dass wir uns zurücklehnten und stillschweigend zuschauten, wie die einzelnen Clans oder Volksgruppen ihre Revier absteckten und die Machtverhältnisse innerhalb der Anstaltsmauern regelten. Das Gegenteil war der Fall, nicht nur bei uns in Berlin, sondern auch an anderen Standorten.

Denn insgesamt haben die Vollzugsanstalten diese Problematik im Laufe der Zeit ganz gut in den Griff bekommen – unter anderem, indem sie die Hauptführer dieser Subkulturen zunehmend isoliert haben.

Zu diesem Zweck gibt es sogenannte Time-out-Bereiche, also abgegrenzte Räume, in denen einzelne Personen von jeglicher Kommunikation mit den anderen abgegrenzt werden. In Hameln zum Beispiel hat man ein sehr konsequentes Konzept in diesem Zusammenhang gefahren. Dort hat man die Führer oder Bosse dieser subkulturellen Gruppen aus den Wohngruppen konsequent herausgenommen und in einem sehr verschlossenen Bereich separiert. Dort wurde mit ihnen intensiv gearbeitet und man ließ sie erst wieder auf die Gemeinschaft los, wenn Fortschritte in der Zusammenarbeit erkennbar waren.

Ob solche Versuche Erfolg hatten, hing jedoch auch davon ab, wie lange die Haftzeiten waren. Selbst sehr dominante Anführer einer Gruppierung haben keine große Lust, über Wochen und Monate in Isolierung zu leben, wenn sie wegen einer schweren Straftat ohnehin eine sehr lange Haftzeit vor sich haben. Insofern gab es immer Tendenzen, nach einer längeren Zeit in einem Time-out-Bereich ein gewisses Wohlverhalten an den Tag zu legen.

Aber auch hier gilt: Ausnahmen bestätigen die Regel. Ich habe aus der Moabiter Zeit bestimmte Fälle vor Augen, in denen wir Menschen überhaupt nicht erreichen konnten: zum Beispiel die Schwerstkriminellen wie Horst-Peter M., einen Bankräuber, Bandenchef, Gewalttäter und Karatekämpfer. Aufgrund diverser langer Strafen ist M. von 1980 bis heute in Haft – mit ein paar Unterbrechungen. Er machte in der Haft sogar sein Abitur und studierte mit Abschluss 1998 Erziehungswissenschaften an der Fernuniversität Hagen.

Auch Kaufhaus-Erpresser Dagobert war zunächst bei uns in Moabit, insgesamt saß er von 1994 bis 2000 in Haft. Ein weiterer Fall ist der von Dieter W., einem Bankräuber und Busentführer, der bis heute 33 Jahre Haft mit Sicherungsverwahrung abgesessen hat.

All diese Menschen waren zwar in der Haftzeit auch weiterbildungsbereit, weil dies den Haftalltag sinnvoll und abwechslungsreich füllen kann. Ihre Persönlichkeitsstrukturen waren mit den vollzuglichen Behandlungsmöglichkeiten jedoch nicht wirklich nachhaltig veränderbar. Dies muss man einfach zugeben, und da darf auch keiner zu viel vom Justizvollzug erwarten.

Wenn man es aber allein auf den Jugendbereich und einen damit verbundenen Aufenthalt in einem Time-out-Raum bezieht, dann waren diese Personen für uns und unsere Maßnahmen schon erreichbar.

Es ist aber wie alles in der Pädagogik eine ständige Gratwanderung, ein *trial and error* – man muss einfach so lange neue Möglichkeiten ausprobieren, bis eine Lösung für ein Problem gefunden ist. Wenn man das Gefühl hat, da hat sich etwas bewegt, dann macht man noch mal einen Versuch. Dann sagt man zum Beispiel, dass man das Gefühl hat, es könnte besser funktionieren als vorher. Und dass man denjenigen nicht in Isolation lassen, sondern lieber mit ihm arbeiten möchte und ihm somit eine nächste Chance gibt.

Das funktioniert bei manchen Gefangenen, bei anderen dagegen nicht. Selbst wenn derjenige vordergründig auf unser Angebot eingeht, weiß man immer noch nicht, wie überzeugt er wirklich dabei ist. Weil es eben immer mal wieder Kalkül ist: eine Anpassung an unsere Erwartung, um aus dem Time-out-Bereich herauszukommen. Es kann also durchaus vorkommen, dass der Einzelne uns den Willen zur Zusammenarbeit vorgaukelt, aber im Endeffekt immer noch vor allem darauf aus ist, die dominante Stellung in seiner Gruppierung zu festigen.

Aber auch wenn so etwas vorkommt, verfügt der Vollzug über Mittel und Wege, mit denen sich feststellen lässt, ob tatsächlich ein Umdenken beziehungsweise Einlenken stattgefunden hat oder eben nicht. Schließlich ist die Position als Boss einer Gruppierung nicht nur mit Macht an sich, sondern auch mit einem gewissen Grad an Luxus verbunden. Soll heißen: Ob jemand ein Boss ist oder trotz anderslautender Bekundungen immer noch diese Stellung einnimmt, können wir immer ganz gut am Eigentum der Inhaftierten festmachen. Das ist insgesamt recht überschaubar – ein Teil davon befindet sich in der Zelle, ein anderer Teil wird verwahrt in unserer Hauskammer, wie wir sie nennen. Dort lagert jeder Gefangene einen Karton mit seinem persönlichen Hab und Gut, das er nicht mit auf seinen Haftraum nehmen darf.

Besonders die Haftraumausstattung ist jedoch recht aussagekräftig. Dort kann man nachschauen, was ein Häftling alles angehäuft oder zusammengetragen hat. Wenn es dort unnatürliche und auffällige Mengen an Besitz gibt, dann ist immer schnell klar, dass derjenige subkulturell dominant und aktiv ist. Dass er für sich selbst also Waren heranschafft oder von seinen Leuten heranschaffen lässt. Finden sich solche großen Mengen bei einer Person, die zuvor in den Gesprächen mit uns einer Zusammenarbeit und einer Veränderung ihrer Haltung zugestimmt hat, dann zeigt das deutlich, dass diese Äußerungen vor allem Kalkül darstellten und es keinen wirklichen Willen gab, einen anderen Weg einzuschlagen.

Um die wahren Machtverhältnisse aufzudecken, sind allerdings nicht einmal immer Durchsuchungen von Hafträumen notwendig. Wir als Lehrkräfte nehmen natürlich auch die Kommunikation der Inhaftierten untereinander wahr. Und dabei lässt sich schnell erkennen, wer in den einzelnen Gruppen die Ansagen macht und eine dominante Stellung einnimmt.

Das geheime Strafvollzugsgesetz – Was Bedienstete unter vier Augen besprechen

Es gibt Gesetze, die werden ausgearbeitet und niedergeschrieben – jeder kann sie lesen und jeder weiß, dass sie gültiges Recht darstellen. Wer sie missachtet, riskiert eine

Strafe. Daneben gibt es aber auch noch Gesetze, die niemals in Schriftform festgehalten werden: Sie existieren in den Köpfen einiger Menschen, die ähnlich geartete Überzeugungen austauschen, die jedoch nicht unbedingt mit dem geschriebenen Gesetz übereinstimmen müssen.

Aus diesem Grund gibt es für mich auch zwei Strafvollzugsgesetze – das offizielle und rechtsstaatlich geregelte und daneben das geheime Strafvollzugsgesetz.

Um verständlich zu machen, was ich mit dieser Unterscheidung meine, muss ich zunächst einmal das offizielle Strafvollzugsgesetz und dessen Bedeutung erklären.

Das ursprüngliche Strafvollzugsgesetz war ein Bundesgesetz, das im Jahr 1977 eingeführt wurde, um eben den Vollzug der Freiheitsstrafe in den Justizvollzugsanstalten der damaligen Bundesrepublik zu regeln.

Im Rahmen der Föderalismusreform ging die Gesetzgebungskompetenz für die justizvollzuglichen Regelungen jedoch auf die Bundesländer über, sodass Landesgesetze das bundesweite Strafvollzugsgesetz sukzessive ablösten. Inhaltlich und von der Grundidee her gilt jedoch auch heute noch in diesen Ländergesetzen genau das, was seinerzeit schon das Strafvollzugsgesetz vorgab: nämlich dass für den Vollzug eine zweifache Aufgabe definiert ist.

So hieß es im ersten Satz des Paragrafen 2 des ursprünglichen Strafvollzugsgesetzes: Das Vollzugsziel lautet, durch den Vollzug der Freiheitsstrafe solle »der Gefangene fähig werden, künftig in sozialer Verantwortung ein Leben ohne Straftaten zu führen«. Anders ausgedrückt besteht das vorrangige Ziel des Strafvollzugs nach den Worten des Gesetzes also in der Resozialisierung.

Hinzu kommt aber, dass der gesamte Paragraf 2 unter der Überschrift »Aufgaben des Vollzugs« stand. Und daher wird neben dem Vollzugsziel auch noch eine weitere Aufgabe genannt: »Der Vollzug der Freiheitsstrafe dient auch dem Schutz der Allgemeinheit vor weiteren Straftaten.«

Es ist geht also um einen Dualismus – Resozialisierung für ein straffreies Leben auf der einen Seite, der Schutz der Allgemeinheit und damit Recht und Ordnung auf der anderen Seite.

Als vorrangige Aufgabe definiert ist aber die Resozialisierung. Und das ist immer zu verstehen als ein persönlichkeitsbildender und im weitesten Sinne damit auch ein erzieherischer Auftrag.

Für die Erfüllung dieser Aufgabenstellung sind in erster Linie die sogenannten Fachdienste zuständig. Also die Psychologen und Sozialpädagogen, die Lehrer und Sozialarbeiter. Aber eben auch der Allgemeine Vollzugsdienst, der seinerseits Fachpersonal für Sicherheit und Ordnung im Vollzug ist.

Der Allgemeine Vollzugsdienst hat zusätzlich den beruflichen Auftrag, ebenfalls auf die Persönlichkeitsentwicklung der Inhaftierten positiv Einfluss zu nehmen. Im Rahmen seiner fachlichen, seiner professionellen Möglichkeiten. Das ist sogar ein Thema in der Ausbildung des Vollzugsdienstes.

Diese Kollegen haben in der Regel zuvor schon eine andere Berufsausbildung abgeschlossen und sind einer anderen Tätigkeit nachgegangen, bevor sie dann in den Vollzug kamen – normalerweise werden sie auch gar nicht ohne solche Vorbildung aufgenommen. Dann werden sie im Rahmen von Vollzugslehrgängen während ihrer Ausbildung noch einmal zusätzlich geschult und qualifiziert. Und zu diesen Schulungen und Qualifizierungsmaßnahmen zählt eben auch ein gewisser Anteil an pädagogischer Unterweisung.

Wenn wir uns die Anforderungsprofile für die Bediensteten im Allgemeinen Vollzugsdienst ansehen, dann stehen darin selbstverständlich auch Aufgaben wie »die Fähigkeit, eine Gruppe zu leiten und positiv zu beeinflussen im Sinne des gesetzlichen Auftrages der Resozialisierung«. Auch sie sollen also die Gefangenen bei ihrer Resozialisierung unterstützen. Sie sollen Vorbild sein – in ihrer Lebensführung und allgemein. Es wird daher vom Allgemeinen Vollzugsdienst auch ein entsprechendes Denken über Straffälligkeit und kriminelles Handeln im Allgemeinen erwartet beziehungsweise verlangt.

Genau dieser Punkt führt jedoch zu dem, was ich das geheime Strafvollzugsgesetz nenne. Denn die Vorgaben des Gesetzes, dass eben die Resozialisierung im Hinblick auf ein weiteres Leben ohne erneute Straffälligkeit das vorrangige Ziel sein soll, ist in den Köpfen nicht immer so präsent, wie es sein sollte. Gegenüber Vorgesetzten wird natürlich bestätigt, dass man diese gesetzlichen Vorgaben achtet und auch von dem Sinn und Zweck des Ganzen überzeugt sei. Im kollegialen Umfeld unter Gleichberechtigten sind aber durchaus mal Gespräche während der Dienstzeiten üblich, deren Aussagen sich deutlich von den geforderten Zielsetzungen abgrenzen.

Um das genauer zu erläutern, ist es notwendig, die Organisation und Struktur innerhalb einer Vollzugsanstalt zu beschreiben. Man muss dazu wissen, dass die Gebäude in Form von Stationen oder Wohngruppen organisiert sind. Wobei der Begriff »Wohngruppe« nicht missverstanden werden darf: Es geht dabei beileibe nicht um eine Wohngemeinschaft, wie sie bei Studenten üblich ist. Es handelt sich vielmehr um einen bestimmten Teil eines Gebäudes oder einer Etage, in dem eine gewisse Zahl von Einzelhafträumen zu einer solchen Gruppe zusammengefasst ist und in dem diese Gefangenen von einem Team betreut werden.

Zu diesem Team zählen Bedienstete des Allgemeinen Vollzugsdienstes. Wie bei fast jeder Tätigkeit gibt es auch bei der Arbeit in den Wohngruppen Zeiten, in denen sehr viel zu tun ist, und dann eben Zeiten, zu denen ein gewisser Leerlauf herrscht. Zum Beispiel wenn sich die Gefangenen bei der

Arbeit befinden und daher nicht alle Kollegen mit ihnen beschäftigt sind. Oder nach dem Nachtverschluss, wenn alle Gefangenen in ihren Hafträumen sind. Das alles sind Situationen, in denen man sich unterhält, sich mal zu einem Pläuschchen in der Haus- oder Stationszentrale trifft.

Das ist grundsätzlich eine Selbstverständlichkeit und nichts, worüber man sich von vornherein Sorgen machen müsste. Es finden Gespräche statt in einem Umfeld, in dem die Kolleginnen und Kollegen Mensch sind. Da geht man unter seinesgleichen auch mal aus sich heraus, berichtet aus dem Privatleben und redet über Gott und die Welt.

Dazu kommt allerdings ein weiteres Thema, über das in diesen Situationen gesprochen wird: Das Thema, das jeden dieser Menschen während der täglichen Arbeitszeit vor allem beschäftigt – die Gefangenen. Man redet also über die Gefangenen im Allgemeinen, über einzelne Personen und man teilt mit den Kollegen auch seine persönlichen Gedanken über die Gefangenen. Genau das aber ist der Punkt: Es wird im Kollegenkreis kein Hehl aus der persönlichen Meinung gemacht. Gemeint ist damit die eigene und ganz private Meinung, nicht die eigene dienstliche Meinung. Man tauscht also aus, was in einem solchen professionellen Umfeld eher zurückhaltend behandelt werden oder was dort im Grunde gar keinen Platz erhalten sollte.

Dabei kommt dann oftmals eine Mentalität durch, die in gewissem Umfang in Widerspruch zum Inhalt des Strafvollzugsgesetzes steht: »Das sind Verbrecher, die haben schlimme Sachen getan. Denen geht es ohnehin zu gut in unserem bundesdeutschen Vollzug. Die müssten mal ein türkisches Gefängnis sehen. Wir müssen die immer noch höflich bis freundlich und gut behandeln. Die aber drehen uns nur eine Nase und versuchen, uns wo sie können hinters Licht zu führen und ihren Vorteil zu suchen.

Außerdem werden die alle viel zu früh rausgelassen. Weil sie auch ihre Sozialarbeiter an der Nase herumführen und denen vormachen, sie wären geläutert. Wir hier, wir vom Allgemeinen Vollzugsdienst, sehen doch, dass das nicht so ist – nur die Sozialarbeiter und Psychologen sehen das nicht.« Und so weiter und so fort. Solche Meinungen werden dort ausgetauscht, nicht selten verbunden mit der Forderung nach einer Art Hardliner-Vollzug mit möglichst wenig Annehmlichkeiten.

Dazu muss man natürlich sagen, dass es diese Kollegen in der täglichen Arbeit in der Regel nicht nur mit Eierdieben und Schwarzfahrern zu tun haben. Wir sprechen hier über Sexualtäter, über Mörder.

Das ist jedem bewusst. Das Wissen darüber darf allerdings nicht so weit gehen, dass man die Gefangenen pauschal als Schmarotzer der Gesellschaft abkanzelt, die sich auf Kosten der Gemeinschaft durch ihr Leben schlagen. Aber solche Gedanken werden dann in Gesprächen durchaus geäußert. Dann heißt es plötzlich einfach: »Nun büßt mal schön.«

Genau das ist es, was ich mit dem Begriff des geheimen Vollzugsgesetzes zu beschreiben versuche: eine Geisteshaltung, die komplett dem Ansatz widerspricht, mit viel Kraft und Anstrengung und Ressourceneinsatz die Resozialisierung von Menschen voranzutreiben – und dabei immer wieder auch Rückschläge einstecken zu müssen, ohne an diesem Ziel zu zweifeln.

Ich möchte das nicht pauschalieren. Und ich möchte nicht sagen, dass jeder im Vollzugsdienst so denkt – dazu kenne ich zu viele Kollegen, die wirklich mit vollem Einsatz dabei sind und gute Arbeit leisten. Aber es gibt mit Sicherheit nicht wenige, die so denken. Und die Gespräche, die da während der Nachtdienste laufen, ranken sich mit Sicherheit häufig um solche Themen.

Auf der anderen Seite ist es aber auch nicht so, dass man solche Geisteshaltungen oder Meinungen einfach so hinnehmen muss. Dort, wo ich Einfluss habe, spreche ich solche Themen auch an – und ich bin ja in der Vergangenheit durchaus Fachvorgesetzter für teilweise bis zu 80 oder 90 Mitarbeiter und Mitarbeiterinnen gewesen.

Zu dieser Aufgabe gehörte unter anderem, dass immer wieder Gespräche zwischen Mitarbeitern und Vorgesetzten geführt wurden. Es standen in regelmäßigen Abständen dienstliche Beurteilungen der Mitarbeiter an, und ebenso fanden dazwischen Gespräche anhand der Anforderungsprofile statt. Wenn dann entsprechende Auffälligkeiten bekannt wurden, war es natürlich unerlässlich, mit den Mitarbeitern auch darüber zu sprechen. Das betraf allerdings ausschließlich meine Mitarbeiter – ich kann nicht die ganz Anstalt instruieren. Aber da, wo ich zuständig bin, bin ich der derjenige, der mit dem Einzelnen zu sprechen hat.

Letztendlich muss man bei allen Mitarbeiterinnen und Mitarbeitern die Anforderungen des Dienstes deutlich machen und die persönliche Haltung dazu abfragen. Dabei spielt dieses Thema des geheimen Vollzugsgesetzes durchaus eine Rolle. Ich bin bei diesen Gesprächen mit jedem Einzelnen das Anforderungsprofil noch einmal durchgegangen und habe deutlich gesagt, was ich von demjenigen erwarte und was ich für wichtig erachte. Dass also ein vorbildliches Verhalten für mich unabdingbar wichtig ist. Und dass die pädagogische Fähigkeit des Führens von Inhaftierten eine entscheidende Rolle spielt. Ich habe dem Einzelnen auch klar zu vermitteln versucht, wie wichtig die richtige Balance von Distanz und Nähe im Vollzug ist. Natürlich habe ich auch immer wieder auf unseren Resozialisierungsauftrag hingewiesen und darauf, dass dafür nicht zuletzt die Kenntnisse der einschlägigen Rechtsvorschriften sowie deren Einhaltung beziehungsweise Umsetzung von entscheidender Bedeutung sind. Im Grunde ging es immer wieder darum, das Wissen aufzufrischen, welchen Auftrag der Vollzug hat.

Trotzdem bleibt der Unterschied zwischen der Theorie unseres Auftrags und der Praxis im Alltag bis heute ein Thema. Das Problem besteht zudem gar nicht mal nur in den erwähnten nächtlichen Gesprächen, häufig äußert sich die verbesserungswürdige Herangehensweise vielmehr auf eine fast schon etwas profan wirkende Art.

Ein Punkt ist zum Beispiel das ständige Duzen der Gefangenen. Wir haben eine kristallklare Vorgabe, dass die Gefangenen zu siezen sind – das ergibt sich aus der Dienst- und Sicherheitsvorschrift für den Vollzug. Dabei handelt es sich zwar nicht um ein Gesetz, aber es ist immerhin eine Verwaltungsanordnung. Wer sich diese Anordnung anschaut, wird in dem ersten Teil mit der Überschrift »Allgemeine Berufspflicht des Bediensteten« im Bereich der Grundpflichten den Abschnitt »DSVollz Nummer 10 – Anrede des Gefangenen« finden. Was dort festgehalten ist, lässt sich im Grunde nicht falsch verstehen:

»Der Gefangene wird mit ›Sie‹ angesprochen. Die im bürgerlichen Leben üblichen Anreden sind zu gebrauchen.«

Doch so eindeutig diese Vorgabe auch formuliert ist – es werden trotzdem weiter an jedem einzelnen Tag ohne Unterlass Gefangene geduzt. Im Arbeitsbetrieb, auf den Stationen oder wo auch immer. Nicht einmal den Schulbereich und damit meinen ureigenen Wirkungskreis kann ich dabei ausschließen. Und zwar wird nicht nur vom Allgemeinen Vollzugsdienst einfach mal geduzt. Es ist durchaus gang und gäbe bei den Fachdiensten, also den Sozialarbeitern und Sozialpädagogen. Wenn mir wieder einmal auffällt, dass jemand permanent die Gefangenen duzt, spreche ich ihn darauf an, rede mit ihm über dieses Thema und erinnere die betreffende Person daran, dass wir eine andere Vorschrift haben und dass diese Vorschrift durchaus ihre Berechtigung hat.

Wir hatten schon Situationen, in denen das Thema wieder ein solches Ausmaß angenommen hatte, dass sogar der Anstaltsleiter in einer anstaltsweiten Konferenz erneut betonte, man solle doch bitte darauf achten, dass die Gefangenen nicht geduzt werden. Ich selbst habe in anderen Konferenzen ebenfalls darauf hingewiesen, dass ich das Sie für unerlässlich halte. Und dass ich es hingegen für nicht tragbar halte, wenn einige Bedienstete sich permanent über diese sinnvolle Vorgabe hinwegsetzen. Geduzt wurde trotzdem weiter.

Mancher mag meine Haltung in Sachen Duzen oder Siezen übertrieben finden. Aber das ist sie nicht. Es geht dabei um weit mehr als eine bloße Unachtsamkeit bei der Anrede.

Auf der einen Seite entsteht aus einem permanenten Du nämlich nicht weniger als eine ungute Überheblichkeitshaltung gegenüber »dem dämlichen Knacki«. Bei den Jugendlichen auf der anderen Seite wiederum ist durch das Du die notwendige Distanz nicht mehr eindeutig und deutlich definiert.

Hauptsächlich besteht das Problem aus meiner Sicht aber in Form dieser Überheblichkeit, speziell gegenüber Erwachsenen. Im Jugendvollzug kann man mit etwas gutem Willen immer noch sagen, dass jemand das Du nicht abfällig meint, sondern dass es sich um den Versuch einer Kontaktaufnahme auf der Jugendebene handelt. Das Duzen führt aber trotzdem dazu, dass die Gefangenen es auch missverstehen können. Nicht dass sie das Du als Abwertung einstufen. Gerade wenn ein jüngerer Kollege sie mit dem Du anredet, könnten sie die Vorstellung entwickeln, dass diese Person ihnen in gewisser Weise näher ist als derjenige, der ihnen vermeintlich distanzierter gegenübertritt, weil er sie mit dem vorgeschriebenen Sie anredet.

Ganz schlimm ist es, wenn junge Mitarbeiter beziehungsweise Lehrkräfte auf Honorarbasis mit einem Sozialarbeiterverständnis in den Vollzug kommen und die Jungs permanent und penetrant duzen. Mehr noch: Sie lassen sich gegebenenfalls sogar noch von den Jugendlichen duzen. Ist das der Fall, werden die Ebenen von Erzieher und Erziehendem sehr missverständlich.

Das nivelliert letztendlich auch die Rollenfunktion: Ich muss schließlich immer wieder zeigen und klarmachen können, dass ich der Lehrer bin und damit auch derjenige, der die Regeln vorgibt, an die sich alle zu halten haben.

Aber gehen wir zurück zu dem Thema des geheimen Strafvollzugsgesetzes. Wenn ich über die in manchen Bereichen sicher zu kritisierende Haltung einiger Kollegen spreche, dann will ich damit nicht sagen, dass diese Meinungen das System komplett infrage stellen und damit auch meine Arbeit.

Ich gehe davon aus, dass jeder sich bewusst macht, wie wichtig Bildung ist. Jeder, der das als Profi im Vollzug negieren würde, hätte seinen Beruf verfehlt und folgerichtig nichts im Vollzug zu suchen.

Was aber vielleicht im Einzelfall als Frage oder als Meinung über Sinn und Zweck von Bildung eines ganz bestimmten Gefangenen geäußert wird, das ist dann in den Bereich der persönlichen Meinung zu verschieben. Wer aber wiederum als Laie keine wirkliche Ahnung von Bildung im Vollzug hat, der sollte seine persönliche Meinung während der Arbeit im Vollzug für sich behalten – zu Hause kann er sie natürlich seinen Bekannten gegenüber äußern. Aber bitte nicht im Dienst – dort hat sie nichts zu suchen.

Zusammenfassend sollte aber auch gesagt werden, dass es bei den Stimmungen und Meinungen der Kollegen immer einen Unterschied zwischen Tag und Nacht gibt. Das ist zwar kein Unterschied wie Tag und Nacht. Aber es ist doch etwas anderes, ob während des Nachtdienstes in freien Minuten Meinungen und Ansichten ausgetauscht werden oder ob es sich um die Arbeit und den Arbeitsalltag handelt. Dabei überwiegt dann schlussendlich doch das professionelle Handeln – meistens.

Manche Dinge ändern sich, andere niemals – Die Schule als Marktplatz und ein Attentäter mit Bildungshunger

Wie in der Welt außerhalb der Mauern gibt es auch in den Haftanstalten immer wieder Fortschritte. Dinge ändern sich, Neues wird eingeführt – manches allerdings bleibt immer so, wie es war. Neu waren in den Achtziger- und vor allem Neunzigerjahren die Computer, die auch bei uns zu Lernzwecken zum Einsatz kamen. Außerdem neu war für mich der intensive Kontakt zu einem islamischen Attentäter lange vor dem 11. September 2001.

Was dagegen nicht neu, sondern bald fast schon Gewohnheit war und sich wohl auch nie ändern wird, das war der Versuch der Inhaftierten, den Schulbereich auch als eine Art Handelszentrum zu nutzen.

In einer Haftanstalt ist naturgemäß alles fest reglementiert und es gibt für die Gefangenen Einschränkungen auf vielerlei Art. Das gilt auch für den persönlichen Austausch untereinander.

Daher ist der Schulbereich nicht allein ein Areal, in dem man Neues lernt, er wird von den Anwesenden natürlich auch als eine Kommunikationsplattform gesehen und benutzt. Dabei kommt es ebenso natürlich immer wieder zu Gesprächen darüber, was man gern hätte und woher man es bekommen könnte. Was recht schnell zu Gedanken oder Gesprächen darüber führt, speziell das Schulumfeld auch als Marktplatz oder Tauschbörse zu nutzen. Aber das lassen wir natürlich nicht zu und verhindern es, wann immer wir etwas davon mitbekommen.

Trotzdem versuchen die Gefangenen es immer wieder. Vor allem während der Zuführungen aus den Haftbereichen in den Schulbereich kommt es regelmäßig zu Versuchen, untereinander Waren auszutauschen. Das Gleiche gilt für die Pausen zwischen den Unterrichtsblöcken, in denen sie sich gemeinsam in einem Bereich vor den Klassenräumen aufhalten.

Oftmals geht es bei diesen Geschäften um Dinge, die im Grunde vollkommen banal klingen. Da will man zum Beispiel ein T-Shirt tauschen. Also zieht ein Gefangener unter seinem T-Shirt noch ein zweites an und tauscht es mit dem Abnehmer auf der Toilette gegen andere Waren. Die Gegenleistung kann zum Beispiel in Tabak bestehen. Das Rauchen und damit Tabak und Zigaretten spielen ohnehin eine große Rolle. Schließlich ist das die einzige echte und kontinuierliche Annehmlichkeit, die sich die Menschen in der Haft leisten können. Es werden aber auch Lebensmittel getauscht. Das geht bis hin zu Milchpaketen oder auch Wochenrationen an Quark – also ganz alltägliche Dinge.

Dass wir solche Geschäfte unterbinden, hat aber nicht nur mit den Waren an sich zu tun, sondern nicht zuletzt mit der Frage, wer da wem welche Waren mitbringt. Was auch bei diesen Tauschgeschäften wieder hin zu den schon beschriebenen Hierarchien führt.

Denn durch die Tauschgeschäfte entsteht für uns immer auch ein Bild: Wer handelt und macht Geschäfte mit wem, wer gibt wem was ab und wer bringt wem was mit? Wenn man genauer hinschaut und diese Zusammenhänge hinterfragt, kommen oftmals gravierende Auffälligkeiten zutage.

Natürlich versuchen die Gefangenen, diese Geschäfte vor uns zu verbergen. Aber wir sind da sehr sensibilisiert, und daher fällt uns trotzdem immer wieder etwas auf.

Der Austausch von Zetteln oder Nachrichten spielt in gewissen Situationen ebenfalls eine Rolle. Das ist zwar kein Thema, das wirklich dominiert. Bei den Untersuchungsgefangenen müssen wir aber auch in diesem Zusammenhang sehr aufmerksam und vorsichtig sein und darauf achten, welche Informationen sie weitergeben.

Das gilt speziell dann, wenn sich in der Anstalt Mitbeschuldigte beziehungsweise Mittäter befinden.

Da finden wir schon mal den einen oder anderen unzulässigen Brief, der über Dritte an den Mittäter weitergereicht wird. Sinn solcher Nachrichten ist nicht zuletzt, dass man Aussagen untereinander abstimmen möchte, um etwa vor Gericht ein günstigeres Urteil zu bekommen.

Im Bereich der Strafhaft spielen solche unerlaubt übermittelten Informationen dagegen im Grunde keine Rolle. Ich kann aber nicht ausschließen, dass auch dort vereinzelt mal Kassiber mit Fluchtgedanken oder -plänen übermittelt werden – dass so etwas durchaus der Fall sein kann, hat die bereits erwähnte spektakuläre Flucht zweier Insassen aus der Haftanstalt Moabit im Mai 2014 gezeigt.

Der Handel untereinander und damit das Geschehen vor den Schulräumen ist aber nur ein Randbereich im Umfeld meiner Tätigkeit als Lehrer im Vollzug. Weit wichtiger ist für mich natürlich das, was während des Unterrichts passiert, und welche Möglichkeiten mir im Unterricht zur Verfügung stehen. Gerade in diesem Zusammenhang brachten – nach zaghaften Anfängen in den Achtzigerjahren – die Neunziger wirklich viel Neues. Denn auch in den Haftanstalten machte sich langsam der technologische Fortschritt bemerkbar, auch bei uns wurde es in diesem Zusammenhang moderner. Vor allem die Ausstattung mit Computern wurde mit der Zeit immer besser.

Ich selbst habe schon Mitte bis Ende der Achtziger damit angefangen und habe mit einfachen Computern im Unterricht gearbeitet. Schließlich standen auch für die frühen Computer schon kleine Lernprogramme zur Verfügung, die man durchaus verwenden konnte. Im Vergleich zu heute wirkten diese Anfänge allerdings regelrecht steinzeitlich: Commodore 128 Heim-PC mit Bandkassette als Speichermedium, externe 5,25 Zoll Diskettenlaufwerke mit 1,4 Megabyte Kapazität, Schwarz-Weiß-Monitor sowie Nadeldrucker. Auf unsere Smartphones und USB-Sticks passen zigtausendfache Datenmengen, von der Verarbeitungsgeschwindigkeit gar nicht zu reden.

In den Neunzigerjahren haben wir die Arbeit mit Computern ausgeweitet und damit begonnen, für den Unterricht kleine Fachkabinette einzurichten – also PC- oder Computer-Fachkabinette beziehungsweise IT-Fachräume.

Das begann damit, dass ich in Moabit einen kleinen Raum neben dem Unterrichtsraum abgrenzen ließ, in den vier Computer gestellt wurden, an denen man Inhaftierte mit Lernprogrammen beschäftigen konnte. Das funktionierte vor allem wegen der räumlichen Nähe von Klassen- und Computerraum: Ich konnte also vier Inhaftierte am PC arbeiten lassen, etwa mit einem Mathe- oder Deutschlernprogramm, während der Rest nebenan weiter mit mir im Unterricht arbeitete.

Wir haben den Fachraum aber auch anderweitig genutzt, zum Beispiel um die Kataloge der Bibliothek zu digitalisieren oder unsere Verwaltungsformulare auf dem PC zu speichern und dort ausdruckbar zu nutzen. Die PCs wurden also alle einerseits zu Lernzwecken eingesetzt und außerdem für administrative Aufgaben genutzt.

Schließlich ging es ja immer auch darum, dass wir diese Anschaffung rechtfertigen mussten. Es war zu jener Zeit nämlich nicht ganz einfach, eine derartige Neuerung durchzusetzen. Der finanzielle Aspekt spielte dabei allerdings eine vergleichsweise geringe Rolle. Vielmehr gab es gerade in den frühen Neunzigerjahren eine lange Zeit noch Bedenken gegen den Einsatz von Computern insgesamt. Vor allem drehte es sich dabei um Sicherheitsbedenken – und das nicht zu Unrecht. Denn immer wieder gab es die eine oder andere Auffälligkeit. Mancher Gefangene arbeitete nicht nur am PC, es wurden dort auch Dateien und Texte abgespeichert, die andere wieder aufrufen konnten. Das geschah natürlich, um diesen Austausch vor den Augen des Vollzugs zu verstecken, da niemand wirklich regelmäßig einen Computer bis in die letzten Ecken kontrollieren konnte. Ein Worst-Case-Szenario bestand darin, dass auf diese Weise gemeinsam Fluchtpläne ausgearbeitet und weitergegeben werden konnten.

Dass Computer trotz solcher Befürchtungen zugelassen wurden, hing damit zusammen, dass man sich aller möglichen Risiken zum Trotz durch das digitalisierte Lernen Vorteile versprach. So bot der Einsatz von PCs auch die Möglichkeit, besser auf die individuellen Bedürfnisse der Lernenden Rücksicht zu nehmen, indem man ihnen individuelle Angebote machte, die sich abgekoppelt von der jeweiligen Lerngruppe realisieren ließen.

Derartig individuelle Angebote boten außerdem eine zeitliche Flexibilität, da man einen Unterricht am PC auch außerhalb der üblichen Schulstunden anbieten konnte. Im Grunde entstand so ein zusätzliches Lernzentrum, in dem man sich auch in den Nachmittagsstunden noch mal an den Rechner setzen und mit einem Lernprogramm arbeiten kann. Natürlich kann so etwas nicht unbeaufsichtigt geschehen: Man muss schon genauer hinschauen, was auf dem Rechner und auch in der Kommunikation der Gefangenen untereinander geschieht.

Letztendlich ging es aber vor allem darum, dass auch technologischer Fortschritt in der Bildung drinnen nicht abgekoppelt werden darf von dem, was draußen geschieht. Und es ging mit dem Fortschritt der technologischen Entwicklung letztlich ebenfalls darum, dass IT-Grundbildung ein Standardthema in der Bildung und Ausbildung sein muss, dem sich Vollzugsanstalten nicht verschließen durften.

Das Interesse der Gefangenen daran war ohnehin sehr groß. Sie haben das Angebot von Beginn an immer sehr gerne angenommen – auch wenn die Anfänge im Vergleich zu heute nicht so spannend waren. Multimedia, wie wir es kennen, steckte schließlich noch in den Kinderschuhen.

Die Zulassung von Computern beschränkte sich übrigens auf den eigentlichen Schulbereich. Genehmigungen für einen PC im Haftraum gab es anfangs nicht. Einerseits wegen der schon beschriebenen Problematik, dass sich kaum kontrollieren ließ, was in den Systemen gespeichert wurde. Andererseits muss man auch bedenken, dass es damals noch ausschließlich um recht massive und große PC-Anlagen ging – nicht um raumsparende Laptops oder Tablets.

Heute gibt es gewisse Ausnahmen zu Bildungszwecken – zum Beispiel für ein Fernstudium, das mittlerweile ja kaum noch ohne Computer vorstellbar ist. Einen individuellen und jederzeit aktiven Internetzugang gibt es jedoch grundsätzlich nicht.

Fest verbunden mit dem zweiten Jahrzehnt meiner Arbeit als Pädagoge im Justizvollzug war aber auch ein Name und damit ein Mensch: Bahram Kücük. Wie die zu Beginn dieses Buches erwähnten Gefangenen Robert und Georg hatte auch Kücük Menschenleben auf dem Gewissen, und genau wie die jungen Container-Mörder bestritt auch er bis zuletzt die Tat und damit seine Schuld.

Trotzdem lassen sich die beiden Fälle kaum miteinander vergleichen. Denn diese Tat hatte ein ungleich größeres Ausmaß. Es handelte sich um eine politisch motivierte Tat.

Kücük war Ende der Achtzigerjahre als Student aus seiner Heimat im Nahen Osten nach Berlin gekommen und blieb über viele Jahre vollkommen unauffällig. Jedenfalls für die Augen der deutschen Justiz. Im Verborgenen jedoch spähte er in Berlin Oppositionelle und Gegner der Regierung seines Heimatlandes aus, knüpfte in Moscheen Kontakte und baute schlussendlich ein Netzwerk auf. Das alles gipfelte darin, dass es zu einem Anschlag auf eine Bar kam, in der sich einige dieser Oppositionellen trafen – ein halbes Dutzend von ihnen starben im Kugelhagel. Bald schon wurde Kücük als mutmaßlicher Drahtzieher und Mittäter ausgemacht und verhaftet.

Als er in der Haftanstalt ankam, wusste natürlich bald jeder davon, doch kaum jemand hatte Kontakt zu ihm. Denn Bahram Kücük war zunächst in sehr massiver und einschränkender Untersuchungshaft untergebracht. Als potenziell angeschuldigter Attentäter und Mörder galten für ihn besonders hohe Sicherheitsauflagen. Hinzu kamen außerdem die Verdachtsmomente, dass hinter ihm und damit auch dem Anschlag geheimdienstliche Aktivitäten vermutet wurden – es bestand also Verdunkelungsgefahr. Aus diesen Gründen saß Kücük nicht nur in Einzelhaft, sondern bekam auch Einzelhofgang und hatte somit keinerlei Kontakt zu anderen Gefangenen.

Was er allerdings nicht einfach über sich ergehen ließ. Vielmehr zeigte er bald schon deutlichen Widerstand gegen diese einschränkenden Haftbedingungen – bis hin zum Hungerstreik.

Ich erinnere mich außerdem an eine Geschichte, in deren Mittelpunkt ein Gebetsteppich stand. Als gläubiger Moslem bestand er auf einen solchen Teppich in seinem Haftraum, von der Anstaltsseite wurde der ihm jedoch anfangs nicht zugebilligt. Kücük ist sehr massiv und ausdauernd dagegen vorgegangen, bis ihm der Teppich schließlich gewährt wurde. Dazu muss man wissen, dass ein Untersuchungsgefangener nicht als Einzelperson agiert. Die Gefangenen haben immer auch Rechtsanwälte an ihrer Seite – mal gute, mal weniger gute. Kücük selbst hatte sicher keinen schlechten Anwalt, der ihn vertrat: Er stammte aus einer wohlhabenden Kaufmannsfamilie, sodass Geld für einen fähigen Rechtsbeistand nicht sein vordringlichstes Problem darstellte.

Daher legte er über seine Anwälte im Laufe der Zeit immer wieder Einspruch gegen die Haftbedingungen ein. Es gab außerdem regelrechte Streitigkeiten mit dem Vollzugsdienst und der Anstaltsleitung zu bestimmten Sicherheitsfragen.

Dabei kam es gelegentlich zu Stresssituationen, wenn zum Beispiel die Tür des Haftraums geöffnet wurde, während er betete – weil man ihn etwa zu einem Termin vor Gericht mitnehmen wollte.

Kücük hat dann darauf hingewiesen, dass er sich im Gebet befinde und man doch bitte darauf Rücksicht nehmen solle. Was wiederum die Kollegen vom Vollzugsdienst nicht akzeptieren konnten oder wollten, weil sie ihrerseits ja den Auftrag hatten, ihn pünktlich zu seinem Termin zu bringen. Daraufhin entbrannte ein Streit, weil Kücük auf seinem Standpunkt beharrte und die Beamten sich natürlich von einem Gefangenen nichts sagen lassen wollten.

Diese Beispiele sollen vor allem beschreiben, dass Kücük eine Ausnahme unter den Gefangenen darstellte. Nicht nur wegen der Schwere seiner Tat, sondern auch, weil er sich seiner Rechte bewusst war und sie auch durchzusetzen wusste. Er war alles andere als ein ungebildeter Schwerkrimineller.

Doch Kücük beschäftigte mit seinen Anwälten nicht nur die Anstaltsleitung, auch sein Verfahren zog sich recht lange hin –

es gab ein Revisionsverfahren. Nachdem er schon eine Weile bei uns in der Haftanstalt war, ging es irgendwann dann auch darum, ihn außerhalb des Haftraums zu beschäftigen. Nicht zuletzt, um ihn nun doch aus der Isolation herauszuholen und die Situation zu entspannen.

Dabei ist die Idee entstanden, ihn in den Unterricht aufzunehmen. Ich habe also mit ihm ein erstes Aufnahmegespräch geführt, bei dem er zunächst noch sehr reserviert und distanziert auftrat. Dann zeigte er sich aber doch interessiert und kam schließlich tatsächlich in den Unterricht.

Und siehe da: Es hat ihm Freude gemacht. Auch weil er merkte, dass ich ein gewisses Interesse an ihm als Mensch zeigte und an dem kulturellen Umfeld, aus dem er kam. Dass ich darüber mehr erfahren wollte, führte im Endeffekt zu einem gewissen Geben und Nehmen, einem Austausch von Wissen.

Für mich war in dem Zusammenhang natürlich auch interessant, wie er als Student und gebildeter Mensch in das Umfeld dieses Anschlages geraten ist. Genau dazu allerdings hat er sich immer sehr bedeckt gehalten – was ja auch in der Natur der Sache liegt. Während die Verhandlungen vor Gericht noch laufen, erzählt niemand freimütig Details zu einer Tat, die ihn eventuell weiter belasten. Auch hinterher halten sich viele bedeckt. Vor allem dann, wenn es sich – wie bei Kücük – um eine Tat handelte, die internationale Auswirkungen mit sich brachte und auch das Verhältnis zwischen zwei Staaten auf politischer und diplomatischer Ebene belastete. Alles, was er dazu sagte, war, dass er unschuldig sei. Das ist meines Wissens noch heute so.

Wenn ich erkläre, dass ich Interesse an ihm zeigte und mehr über ihn oder sein Umfeld wissen wollte, dann sollte das jedoch keinesfalls so verstanden werden, dass ich mich mit ihm unter vier Augen unterhalten habe. Unsere Gespräche waren keine Zweiergespräche, sie fanden ausnahmslos während des Unterrichts statt. Es waren also auch die übrigen acht bis zehn Häftlinge anwesend, die an dem jeweiligen Kurs teilnahmen.

Ich gehe grundsätzlich nie intensiver in Zweiergespräche mit Inhaftierten. Denn das ist immer etwas heikel, weil man sich auch der eventuellen Folgen bewusst sein muss: Was für Unterstellungen können daraus erwachsen? Wer hat was gesagt, wer hat wem was getan? Nur in absoluten Ausnahmefällen gehe ich zu einem Gespräch mit einem Gefangenen in einen Haftraum, und das auch nur sehr kurz – nicht zum gemeinsamen Kaffeepläuschchen.

Bei unseren Gesprächen während des Unterrichts ging es daher auch nicht um ein besseres persönliches Kennenlernen. Es ging vielmehr darum, zu erfahren, wie jemand aus dem Nahen Osten nach Deutschland kommt, in welchen geografischen und politischen Konstellationen die Menschen dort leben. Auch damit die übrigen am Unterricht teilnehmenden Gefangenen auf diese Weise neues Wissen mitnehmen konnten. Das funktionierte, weil Kücük durchaus in der Lage war, relativ sachlich und ohne große Ideologisierung davon zu erzählen. Es drehte sich insgesamt also eher um unverfängliche Gespräche über weltpolitische Zusammenhänge, wie sie in einen Weltkundeunterricht hineingehören.

Als Lehrer kann man ja auch einen Geografieunterricht durchführen, indem man sich anschaut, aus welchen Nationen die Teilnehmer des Kurses kommen. Dann sage ich den Teilnehmern zum Beispiel, dass wir alle nicht viel über Menschen wissen, die aus einem Land wie Mali kommen, und über deren Heimat – also lässt man den Inhaftierten aus Mali berichten und unterhält sich dann über das Erfahrene. Oder man beschäftigt sich mit den gesellschaftlichen Verhältnissen in Mali, dem Wirtschafts- und Politiksystem. Daraus ziehe ich als Lehrer wiederum auch die generelleren Themen, kann dann vielleicht über Imperialismus und Kolonialisierung sprechen. Das fördert natürlich zusätzlich das bessere Verständnis der Gefangenen untereinander.

Bahram Kücük wurde nach langer Verhandlung schließlich in erster Instanz verurteilt, ging in Revision und wurde dann in zweiter Instanz verurteilt. Danach wurde er aber immer noch nicht sofort von der Untersuchungshaft in die Strafanstalt verlegt.

Es blieb zunächst bei einer abwartenden Haltung aufseiten der Justiz – es konnte immer noch passieren, dass er abgeschoben werden sollte. Man wusste nicht mit letzter Sicherheit, ob er seine nun lebenslange Strafe tatsächlich in Deutschland verbüßen musste. Also blieb er recht lange bei uns und damit bei mir im Unterricht.

Kücük entwickelte während dieser Zeit keine anderen Beschäftigungsbedürfnisse, sondern hatte immer weiter Lust, am Unterricht teilzunehmen. Insgesamt war er bestimmt länger als ein Jahr mein Schüler. Ich hatte während dieser Zeit zunehmend das Gefühl, dass aus der Kombination von Bildungsangebot und persönlicher Betreuung eine Konstellation entstand, die Kücük für sich als sehr hilfreich empfand, um die Haftzeit zu überstehen. Er war froh und zufrieden, dass er in den Unterricht kommen konnte. Es hat ihm gutgetan, sich auf diese Weise von seinen Problemen abzulenken. Deswegen war er sehr traurig, als ich 1997 aus Moabit wegging und meine Arbeit an anderer Stelle fortsetzte.

Wir haben uns wirklich sehr herzlich voneinander verabschiedet. Ihm standen sogar Tränen in den Augen, weil unsere gemeinsame Arbeit im Rahmen des Unterrichtes nun beendet war.

BAG: Wo Lehrer lernen – Die Arbeit der Bundesarbeitsgemeinschaft der Lehrerinnen und Lehrer im Justizvollzug

Wohl jeder erwachsene Mensch kennt den Wunsch, sich mit anderen auszutauschen – nicht zuletzt über den beruflichen Alltag sowie die eventuell damit verbundenen Probleme oder Fragen. Und fast jeder berufstätige Mensch hält es für vollkommen normal, darüber mit seinen Kollegen zu sprechen. Schließlich sind gerade sie es, die in einem vergleichbaren Umfeld tätig sind und somit eventuelle Problem überhaupt verstehen können.

Ich selbst allerdings stand zumindest anfangs – wie schon erwähnt – allein auf weiter Flur. Ich war der einzige hauptberufliche Pädagoge der Anstalt. Niemand außer mir beschäftigte sich wirklich täglich mit ähnlichen Themen. Mit wem also sollte ich sprechen? Wen konnte ich um Rat fragen? Selbst mein Mentor Obersozialrat Fiege wusste nicht auf alle Fragen meines Arbeitsalltags die passende Antwort, außerdem war dessen Alltag ohnehin mit anderen Aufgaben ausgefüllt. Die Lehrer in meinem Bekanntenkreis, wie meine spätere Ehefrau, stellten für Themen der Bildung im Justizvollzug ebenfalls nur in begrenztem Maße passende Diskussionspartner dar.

Daher hab ich mich schon zu Beginn meiner Berufslaufbahn jener Organisation angeschlossen, die sich seit ihrer Gründung im Jahr 1958 ausschließlich den Themen widmete, die nun meinen Arbeitsalltag beherrschten: Die Bundesarbeitsgemeinschaft der Lehrerinnen und Lehrer im Justizvollzug, kurz BAG.

Noch während meines ersten Berufsjahres bin ich der BAG beigetreten. Und im Laufe der Jahre ist die Arbeitsgemeinschaft zu dem geworden, was ich mein professionelles Fundament nenne – einen Boden, auf dem ich mittlerweile fest verwurzelt bin. Der regelmäßige fachliche Austausch mit den Kollegen aus anderen Bundesländern sollte sich als ungemein wertvoll für meine Arbeit und auch die aller Lehrer im Vollzug erweisen.

Seit meinem Eintritt war ich daher immer auch ein aktives Mitglied. Ich habe während dieser mehr als 30 Jahre keine der jährlich an den drei Tagen vor Himmelfahrt stattfindenden Bundesarbeitstagungen verpasst, bei denen regelmäßig die aktuellen Themen auf den Tisch kommen und besprochen werden.

Gerade die Fachtagungen waren und sind für mich unendlich wertvoll. Dieser fachliche und persönliche Austausch stellt eine wertvolle Plattform dar, die ich nicht missen möchte.

Hier wird stets auch abseits des beruflichen Alltags der Anstalt noch einmal der Stellenwert von Bildung und Ausbildung für Inhaftierte im Zusammenhang mit der gesamten vollzuglichen Aufgabenstellung deutlich; hier geht es darum, wie wichtig Bildung für Menschen ist, die eine berufliche Perspektive in ihrem Leben haben sollen, um nicht kriminell weiterleben zu müssen. Also im Grunde das, was wir heute Integrationsmanagement nennen.

Bei jeder dieser Tagungen werden Themen behandelt, die mich und meine Kollegen für unsere weitere Arbeit befruchten. Gemeinsam sprechen wir über die passende Methodik für unsere Klientel, über die unterschiedlichen Ansätze und Möglichkeiten der Bildung im Jugend- und Erwachsenenvollzug.

Mein dauerhaftes Engagement für die Belange der Bundesarbeitsgemeinschaft führte dann auch dazu, dass ich diese Arbeit nicht nur begleiten, sondern an entscheidender Stelle mitprägen wollte und durfte: Im Jahr 1994 wurde ich in den

Vorstand gewählt, blieb 18 Jahre lang zweiter Vorsitzender der BAG. Seit 2012 bin ich nun erster Vorsitzender. In all den Jahren haben wir uns aber nicht nur untereinander als Lehrer im Vollzug unterhalten und über unsere Aufgaben oder Möglichkeiten diskutiert. Wir haben uns auch nach außen hin engagiert beziehungsweise unsere Standpunkte deutlich gemacht.

Einerseits wurden wir als Fachverband immer wieder um Stellungnahmen gebeten und haben uns entsprechend eingebracht. Auf der anderen Seite haben wir uns immer deutlich positioniert – unter anderem dann, wenn es darum ging, bestimmten Tendenzen entgegenzutreten, die Menge und den Stellenwert des Unterrichts im Vollzug zu reduzieren. Denn die gab es durchaus.

So wurde in den Neunzigerjahren eine Unternehmensberatung mit einer groß angelegten Studie beauftragt, zu deren Zielen es zählte, Möglichkeiten der Rationalisierung auszumachen. Auf dem Ergebnis dieser Untersuchung wurde eine Empfehlung erarbeitet, die unseren Überzeugungen deutlich widersprach. Die Unternehmensberater kamen nämlich zu dem Schluss, dass es aus ihrer Sicht vollkommen ausreichend sei, wenn die Bildungsmaßnahmen im Vollzug an einigen wenigen Standorten gebündelt würden. Was natürlich auch bedeutete, dass man auf diese Weise eine gewisse Zahl an Lehrerstellen wegrationalisieren könnte.

Zwar betraf diese Empfehlung zunächst nur das Bundesland Nordrhein-Westfalen, doch uns war durchaus bewusst, dass so etwas Kreise ziehen könnte, wenn die Empfehlung dort umgesetzt würde. Also haben wir uns als Bundesarbeitsgemeinschaft entsprechend positioniert und dagegengehalten.

Nicht in erster Linie aus der Befürchtung, dass man uns als Lehrer im Vollzug zumindest teilweise abschaffen wollte, sondern vor allem aus Überzeugung. Wir konnten deutlich machen, dass es aus unserer Sicht in Vollzugsanstalten ab Belegungszahlen von rund 300 Inhaftierten unerlässlich ist, dass eine eigene Lehrkraft zur Verfügung steht.

Trotzdem ist das Thema Rationalisierung bis heute nicht vollkommen ausgestanden. Immer wieder kommen Vorschläge oder Forderungen auf, man müsse für die Bildung im Vollzug kein hauptamtliches Personal teuer bezahlen, man könne das outsourcen und private Dienstleister damit beauftragen und auf diese Weise Kosten einsparen.

Selbstverständlich ist auch mir und ist uns als BAG insgesamt klar, dass die Ressourcen überall knapp bemessen sind. Trotzdem sind wir auf professioneller Ebene überzeugt davon, dass ein externer Dienstleister niemals alle Anforderungen erfüllen kann, wenn er nur Honorarkräfte zu den Unterrichtseinheiten in die Anstalt schickt. Unsere Aufgabenstellung ist viel zu umfänglich, als dass sie auf diese Weise ausgefüllt werden kann. Keine Honorarkraft, die täglich vielleicht für 90 Minuten im Schulraum anwesend ist, kann sich wirklich intensiv und individuell mit den Bildungsbelangen innerhalb der Anstaltsmauern auseinandersetzen und den vielfältigen Anforderungen unserer Aufgabe gerecht werden.

Unser Standpunkt lautet daher ebenso einfach wie deutlich: Bildung rechnet sich. Wer einen Lehrer in einer Justizvollzugsanstalt allein als Kostenfaktor ansieht, der berücksichtigt nicht, dass dieser Lehrer ein Vielfaches dieser Kosten wieder in die Staatskasse zurückfließen lässt, indem er immer wieder neue Gefangene dazu befähigt, in Freiheit ein straffreies Leben zu leben und einer geregelten Arbeit nachzugehen.

Selbstverständlich verschließen wir nicht unsere Augen davor, dass die Arbeit mit Honorarkräften durchaus sinnvoll sein kann und unter bestimmten Voraussetzungen auch sinnvoll ist. Denn ein Mischmodell aus festen Lehrern und Honorarkräften ist immer möglich. So ist es selbstverständlich eine nützliche Alternative, wenn je nach Bedarf die eine oder andere zusätzliche Maßnahme eingekauft wird. Das gilt nicht zuletzt im Hinblick auf den Sprachunterricht. Schließlich gibt es ja immer wieder eine gewisse Anzahl Gefangener, die der deutschen Sprache nicht mächtig sind und deren Sprache wir als Lehrer nicht sprechen. In solchen Fällen kann durchaus eine befähigte Honorarkraft die Aufgabe übernehmen, um zum Beispiel Deutsch als Zweitsprache oder Deutsch als Fremdsprache zu unterrichten.

Unser ständiger Kampf gegen die Selbstabschaffung ist gewiss ein Thema, das uns sehr stark beschäftigt. Aber losgelöst davon lässt sich die Tätigkeit der Bundesarbeitsgemeinschaft ganz neutral in zwei Punkten zusammenfassen. Punkt eins besteht darin, dafür zu sorgen, dass unsere Themen an den entscheidenden Stellen immer wieder auf den Tisch kommen. Punkt zwei ist der kaum minder wichtige Faktor, uns selbst und alle Kollegen fachlich auf dem neuesten Stand zu halten. Zu diesem Zweck werden regelmäßig zusätzlich zu den Jahrestagungen Fortbildungsseminare mit unterschiedlichen Themenschwerpunkten angeboten. Das beginnt bei einem Grundseminar für Lehrer, die neu in den Vollzug einsteigen, und führt weiter zu Themen wie Bildungsdiagnostik oder Alphabetisierung. Schwerpunkte können aber ebenfalls aus dem direkten beruflichen Alltag kommen – derzeit angedacht ist etwa ein Seminar zum Umgang mit schwierigen Gefangenen.

Eins muss man indessen zu unserer Arbeit und unseren Aufgaben im Zusammenhang mit dem genannten Punkt eins wissen: Durch die Länderhoheit haben wir als Bundesarbeitsgemeinschaft keinen direkten Einfluss auf die Bundesländer. Das müssen die Strukturen in den Ländern selber übernehmen.

Trotzdem sind wir aber in den Ländern auf gewisse Weise präsent und können unsere Anliegen durchsetzen. Dafür sorgt schon unser Organisationsgrad von 50 Prozent – rund die Hälfte aller Lehrer im Vollzug ist auch Mitglied der BAG.

Was das bedeutet, möchte ich an einem kurzen Beispiel erläutern: Die Justizministerien der Länder beschäftigen in der Regel Fachaufsichtsreferenten für Bildung und Qualifizierung in den Justizvollzugsanstalten. Allerdings kommen diese Referenten nur zum Teil tatsächlich aus dem Fachdienst. In vielen Bundesländern handelt es sich vielmehr um Juristen oder Nichtfachleute – und die brauchen fachliche Beratung durch die Schulpädagogen, bei denen es sich wiederum häufig um Kollegen aus der BAG handelt.

Daher verfügen wir über eine gute Präsenz und Anbindung an die Ebenen der Entscheider. Wir werden also zumindest gehört – wie weit wir uns durchsetzen können, hängt immer von unterschiedlichsten Aspekten ab.

Wenn ich unsere Tätigkeit in diesen zwei Punkten zusammenfasse, darf trotzdem eine dritte Ebene nicht ausgelassen werden. Zwar arbeiten wir in erster Linie auf der nationalen Ebene – doch wir in Deutschland sind eben nicht die Einzigen, die sich mit dem Thema Bildung von Inhaftierten beschäftigen.

Bildungseinrichtungen für Inhaftierte gibt es in Gefängnissen in aller Welt – und damit auch in ganz Europa. Wir als BAG sind daher auch Mitglied in der EPEA, der European Prison Education Association. Diese Organisation agiert europaweit und hat insgesamt um die 800 Mitglieder. Außerdem findet alle zwei Jahre eine transnationale Fachtagung statt, während der länderübergreifend aktuelle Themen besprochen werden.

Weil die Bundesarbeitsgemeinschaft immer mit einigen Mitgliedern an diesen Fachtagungen teilnimmt und umgekehrt auch Gesandte er EPEA zu unseren Tagungen kommen, findet regelmäßig ein Austausch auf europäischer Ebene statt.

Das führt nicht zuletzt dazu, dass wir unsere Bildungsangebote im europäischen Rahmen recht gut vergleichen und qualitativ einordnen können. Und obwohl ich hier von immer wieder aufkommenden Forderungen nach Kosteneinsparung und manch anderen Problemen berichtet habe, stehen wir in diesem internationalen Vergleich überhaupt nicht schlecht da. Mehr noch, Deutschland nimmt im europäischen Vergleich sogar eine Art Vorreiterrolle ein. Was jedoch nicht darüber hinwegtäuschen darf, dass es bis heute Punkte gibt, in denen unsere europäischen Nachbarn manches nicht nur anders, sondern vielleicht auch besser machen.

Grundsätzlich muss dazu noch gesagt werden, dass die EPEA als sogenannte Non-Governmental Organization eine beratende Funktion im Europarat ausfüllt. Das hat unter anderem zur Folge, dass es Direktiven des Europarates gibt, wie nach dessen Erwartungen vollzugliche Behandlungs- und Bildungsmaßnahmen ausgestattet oder gestaltet sein sollen. Diese Direktiven liegen als schriftliche Richtlinie vor, sie haben damit also einen gewissen Stellenwert und bieten innerhalb Europas eine Orientierung.

Das ist ein wichtiger Schritt, hat aber gleichzeitig einen Haken: Eine derartige Richtlinie ist nicht verpflichtend, sondern hat einen verbindlich empfehlenden Charakter. Was bedeutet, dass es europaweit einerseits gewisse Standards für Bildungsarbeit im Vollzug gibt, auf der anderen Seite existieren aber immer noch deutliche Unterschiede im Hinblick auf Qualität und Umfang der Bildungsmaßnahmen.

Es gibt also in Rumänien ebenso wie in Bulgarien, in Schweden ebenso wie in Großbritannien Bildungsangebote in den Justizvollzugsanstalten. Speziell durch die Öffnung Europas nach Osten sehen wir jedoch, dass in den osteuropäischen Ländern noch einiges an Entwicklungsbedarf vorhanden ist.

Dem gegenüber stehen ausgesprochen ausgefeilte Systeme, wie es sie in Großbritannien, Frankreich, Holland, Schweden, Norwegen oder Dänemark gibt. Aber auch hier bedeutet »ausgefeilt« nicht, dass diese Systeme identisch sind – sie ähneln sich auf der einen Seite durch vergleichbare Standards und unterscheiden sich dann auf einer anderen.

Das gilt etwa für einige grundsätzlich unterschiedliche Herangehensweisen. So finden wir in einem Land wie Großbritannien ein insgesamt sehr zentralistisch organisiertes Unterrichtsverfahren, das die Arbeit damit in einigen Bereichen leichter macht.

Es existieren dort unter anderem standardisierte Kurse, die sich in bestimmten Abständen immer wieder erneuern und von vorne beginnen. Auch für die Prüfungen wurde ein System entwickelt, das die Abläufe über die Anstaltsmauern hinweg vereinheitlicht: So werden Abschlussprüfungen digitalisiert an alle Anstalten des ganzen Landes gegeben.

In Schweden, Dänemark oder Norwegen dagegen wird der Schwerpunkt eher auf offenere Vollzugsformen insgesamt gelegt. Aber auch auf dem Gebiet der Bildung von Gefangenen geht man innerhalb bestimmter Grenzen eigene Wege. In Schweden etwa wurde das gesamte Bildungssystem individualisiert und damit auf die Einzelperson zugeschnitten. Es gibt also keine Schulklassen und auch keine Unterrichtsblöcke im eigentlichen Sinne mehr. Zusätzlich wurde ein System entworfen, mit dem sich das Lernen auf lokaler Ebene mit der Idee eines Fernstudiums kombinieren lässt.

Will also in ganz Schweden nur ein einziger Gefangener Französisch lernen, dann ist das durchaus möglich, ohne dass er warten muss, bis irgendwann einmal eine komplette Klasse von Gleichgesinnten zusammengestellt ist.

Das funktioniert, weil alle Bildungsangebote von allen Haftanstalten des Landes genutzt werden, und eben jeder Lehrer sowohl lokal als auch über die Distanz unterrichtet. Der Gefangene mit dem Wunsch, die französische Sprache zu lernen, kann damit unter Anleitung eines Lehrers vor Ort beginnen. Und er kann den Unterricht auch dann fortsetzen, wenn er beispielsweise in eine andere Anstalt verlegt wird – weil ihm der »Lehrer« respektive das Lernmaterial aus seiner bisherigen Anstalt durch die Möglichkeiten des Lernens über Distanzen hinweg erhalten bleibt.

Auch wenn wir in manchen Punkten vorbildlich dastehen, kann es also nicht schaden, immer wieder einmal darauf zu achten, wie andere Nationen mit den Bildungsaufgaben umgehen und was diese Länder vielleicht besser lösen, als wir es tun.

Was allerdings nicht nur international gilt, sondern auch auf nationaler Ebene immer noch ein Thema ist. Denn weil im Zuge der Föderalismusreform Bildung weitgehend zur Ländersache wurde, gibt es auch in Deutschland einerseits zwar ein weitgehend vergleichbares Handeln, das jedoch andererseits deutliche Unterschiede aufweist. Was auch beim Vergleich zwischen den neuen Bundesländern und denen der alten westdeutschen Bundesrepublik deutlich wird.

Ohne zu sehr ins Detail zu gehen, möchte ich als Beispiel Sachsen-Anhalt nennen. Dort ist nämlich das bereits Fakt, was ich persönlich und die BAG als Organisation zu verhindern versuchen: Es wird weitgehend auf externe Bildungsträger gesetzt, es gibt kaum eigenes Lehrpersonal. Dementsprechend sind dort bis heute die bildungspädagogischen Standards strukturell und fachlich nicht wirklich auf einem Niveau mit dem Rest der Bundesrepublik.

Teil 3: Nachschlag[3] (2000–heute)

Von Ausbildung und Einbildung – Berufsausbildung im Vollzug

Dafür, dass ich ein gutes Jahrzehnt lang ausschließlich mit erwachsenen Gefangenen arbeitete, gab es, wie schon erwähnt, einen einfachen Grund: Die neu erbaute Jugendstrafanstalt der Stadt Berlin, in die 1987 auch die jugendlichen Inhaftierten aus Moabit verlegt wurden.

Genau diese Jugendstrafanstalt sollte nun aber der Grund sein, weshalb ich ab 1999 wieder ausschließlich mit den Jugendlichen arbeitete und es bis heute tue. Im Jahr 1997 verließ ich Moabit und folgte einem Angebot, am Standort Plötzensee eine neue Justizvollzugsanstalt für männliche erwachsene Strafgefangene in der bisherigen JVA für Frauen in Berlin mitzuplanen und in Betrieb zu nehmen. Die designierte Anstaltsleiterin, eine Jugendrichterin, bot mir dort an, ihr Stellvertreter und Vollzugsleiter zu werden. Eine komplett neue Justizvollzugsanstalt zu planen ist eine sehr spannende Aufgabe, der ich mich natürlich nicht verschließen wollte. Das gab mir die Gelegenheit, meine pädagogischen Ideen, aber auch meine Ablauferfahrungen von zielführender Vollzugsgestaltung in das neue Anstaltskonzept einzubringen. Ich hatte mich mit Organisationsentwicklung genauso beschäftigt wie mit Personalführung. Das kam mir jetzt zugute und ich hatte Lust, diese Verantwortung zu übernehmen. Die Anstalt stand ja, war fast noch ein Neubau, architektonisch sehr gelungen und passend.

---

3 Bekommt ein Gefangener »Nachschlag«, wird er zu einer weiteren Haftzeit verurteilt.

Zur Eröffnung der »JVA Charly«, offiziell JVA Charlottenburg, zog auch die sogenannte PN-Abteilung des Krankenhauses der Berliner Vollzugsanstalten mit in das Haus 1 ein, der psychiatrisch-neurologische Fachbereich für akut zu behandelnde Inhaftierte mit entsprechenden Verhaltens- und Krankheitssymptomen, die es immer auch in Haftanstalten gibt. Die Persönlichkeitsstrukturen der Inhaftierten sind eben oftmals im Grenzbereich von Gesundheit und psychischer Auffälligkeit zu finden. Skurrilerweise war ich ab dem Zeitpunkt als Pädagoge, Vollzugsleiter und stellvertretender Anstaltsleiter auch offizieller administrativer Verwaltungsleiter dieser medizinischen Fachabteilung.

Dass die Pädagogik bei dieser Zuständigkeit eigentlich keine Rolle mehr spielte, wurde für mich dann nach anderthalb Jahren dieser Tätigkeit ziemlich unbefriedigend. Ich entschied mich deshalb, zu meinen bildungspädagogischen Wurzeln zurückzukehren, und wechselte nach diesem Zwischenstopp im Sommer 1999 meinen Dienstort abermals – »nur über die Straße« in die benachbarte neue Jugendstrafanstalt Berlin. Diese war ebenfalls auf dem geschichtsträchtigem Boden unweit des namensgebenden Plötzensees entstanden: Zur einen Seite wird das Gelände von der alten Plötze begrenzt. In einem anderen, kleinen Teil grenzt das Areal an die Gedenkstätte, die zum Andenken an die Attentäter des 20. Juli 1944 eingerichtet wurde.

Doch so geschichtsträchtig der Ort auch ist, ich hatte mich nicht mit Themen der Vergangenheit zu beschäftigen, sondern mit einer nun noch breiteren Palette der Aufgaben, die der Vollzug einem Pädagogen täglich stellt. Denn bald schon wurde mein Aufgabengebiet noch einmal deutlich erweitert.

Zu der Jugendstrafanstalt Berlin gehört neben dem Schulbereich auch ein umfangreiches Angebot an Ausbildungs- und Qualifizierungsmaßnahmen. Die Gefangenen können hier unter der Anleitung und Aufsicht erfahrener Ausbilder Berufe wie den des Kochs, des Zweiradmechanikers oder auch des Tischlers lernen. Diese Ausbildungen dauern – wie auch in Freiheit – in der Regel etwa drei Jahre und münden in einer Gesellenprüfung.

Kurz nachdem ich meine Arbeit als Lehrer in der Anstalt aufgenommen hatte, wurde bekannt, dass der Anstaltsleiter und die verantwortliche Behörde eine Veränderung der Abläufe und Zuständigkeiten planten: Sie wollten, dass die Aufsicht und Leitung dieser Ausbildungsmaßnahmen in den Händen eines Pädagogen lag. Was keinesfalls die Regel in den Vollzugsanstalten ist.

Die Wahl fiel auf mich: Ich habe also ab dem Jahr 2000 13 Jahre lang nicht nur in der Schule der Jugendstrafanstalt gearbeitet und sie bald auch geleitet, sondern parallel dazu den gesamten Ausbildungs-, Qualifizierungs- und Beschäftigungsbereich verantwortet.

Was nicht nur zusätzliche Verantwortung bedeutete, sondern zusätzliche Erfahrungen mit sich brachte. Denn auch die Unterbringung jugendlicher Gefangener in Ausbildungsmaßnahmen unterscheidet sich häufig deutlich davon, wie in Freiheit mit der Berufsplanung umgegangen wird. Grund dafür sind zu einem Teil die in manchen Fällen doch sehr speziellen Persönlichkeitsstrukturen der Jugendlichen.

Was das genau bedeutet, möchte ich am Beispiel eines Gefangenen erläutern, dem ich an dieser Stelle den Namen David K. gebe. Wie bei den zuvor genannten Häftlingen ist der Name verfremdet, um die Persönlichkeitsrechte dieses Menschen zu schützen.

Auch David K. zählte zu jenen Häftlingen, die mit ihrer Tat Schlagzeilen gemacht und die einen gewissen Bekanntheitsgrad erlangt hatten. In diesem Fall jedoch eine Bekanntheit, die deutliches Erschrecken hervorrief. Kaum 16 Jahre alt, hatte David K. ein Kleinkind getötet. Er ging aus seinem Elternhaus hinüber zum Haus der Nachbarn, schlug und trat dort so lange auf das Kind ein, bis er sicher sein konnte, dass es tot war.

Die Medien berichteten bald, dass David K. sich an dem Kind auch sexuell vergangen haben soll, doch zumindest diese Behauptung erwies sich als unhaltbar. Der Täter selbst gab später an, dass es für diesen Mord keinen wirklich Grund gab, auch keinen sexuellen – er habe einfach wissen wollen, wie es sich anfühlt, wenn ein Mensch stirbt.

Das eigentlich Schreckliche an dieser grausamen Tat bestand aber nicht aus dieser Aussage, sondern zeigte sich in einem anderen Umstand: Eigentlich hätte David K. an diesem Tag bereits in einer Zelle sitzen können. Dann wäre kein Kind gestorben.

Schon seit seinem elften Lebensjahr war er immer wieder auffällig geworden. David K. belästigte eine Mitschülerin sexuell, verprügelte Mitschüler und schlug nach einem missglückten Diebstahl einen Ladenbesitzer brutal zusammen – doch er war trotz der Häufigkeit und Schwere der Delikte nie zu einer Haftstrafe verurteilt worden, sondern kam immer wieder mit Bewährungsstrafen davon.

Wenn man es zurückhaltend ausdrücken möchte, kann man sagen, dass David K. in seiner psychischen Entwicklung entgleist ist. Auch während seiner Haftzeit in der Jugendstrafanstalt gab es immer wieder heftige Geschichten. Es kam zu tätlichen Auseinandersetzungen mit anderen Gefangenen, er beleidigte Bedienstete und drohte ihnen sogar mit dem Tod.

All das war mir natürlich bekannt, aber es war nur in Grenzen relevant für meine Arbeit. Meine Aufgabe in der neuen Funktion als Verantwortlicher für den Qualifizierungsbereich bestand darin, mich mit ihm auf eine Berufsausbildung zu verständigen. Also darauf, wie er seine Haftzeit am sinnvollsten gestalten sollte, um ihm nach seiner insgesamt zehnjährigen Jugendstrafe wegen Mordes eine möglichst reibungslose Integration und Resozialisierung zu ermöglichen.

Als ich mit David K. Über die verschiedenen Ausbildungsmöglichkeiten sprach, stellte sich schnell heraus, dass er durchaus eine klare Vorstellung hatte: Er wollte unbedingt Koch werden. Meine Kollegen und ich haben darauf als Pädagogen eher zurückhaltend reagiert, weil dieser Wunsch so gar nicht dem entsprach, wie wir die Persönlichkeit von David K. und dessen mögliche Fähigkeiten oder Talente einordneten. Es stand auch die Frage im Raum, ob dieser Wunsch im Grunde nur ein Hirngespinst sei. Also haben wir ihm zurückhaltend geantwortet, dass wir zunächst einmal schauen müssen, ob er wirklich für diesen Beruf geeignet sei.

Dass wir uns mit dieser Frage trotz unserer Zweifel überhaupt beschäftigten, ist auch Ausdruck dafür, dass wir durchaus Rücksicht auf die Wünsche und Bedürfnisse der jugendlichen Gefangenen nehmen.

Es gehört zum Standardvorgehen, dass wir gemeinsam mit ihnen versuchen, den richtigen Weg zu finden. Wir ordnen also nicht einfach an. Wir hören uns die Wünsche an, sprechen aber auch unsere eventuell vorhandenen Bedenken aus. Hinzu kommen selbstverständlich weitere Diagnosen in Form von Berufseignungs- oder Schultests.

Wenn dann aber ein Jugendlicher trotz anderslautender Ergebnisse weiter darauf beharrt, dass er eine bestimmte Ausbildung beginnen will, gehen wir auch darauf unter Umständen ein – und sagen, dass es zumindest einen Versuch wert ist. Schließlich kann man sich in der Diagnostik mitunter täuschen.

Auf der anderen Seite ist dieses Vorgehen eine Form purer Pädagogik: Muss ein Jugendlicher gegen seinen ausdrücklichen Willen eine Ausbildung beginnen, einfach weil ich das angeordnet habe, wird er vermutlich nie wirklich motiviert bei der Sache sein. Der Lernerfolg ist viel größer, wenn wir ihn seine eigenen Erfahrungen in der von ihm gewünschten Ausbildung machen lassen. So lange, bis er selbst erkennt, dass die Sache doch nicht das von ihm erhoffte Ergebnis bringt.

Insgesamt muss man sagen, dass die Jugendlichen bei uns häufig gar keine Vorstellungen davon haben, wo ihre Talente wirklich liegen. Was nicht selten mit einer gewissen Reifeverzögerung zusammenhängt: Sie haben in etlichen Fällen keine normale Schulkarriere hinter sich oder sie lebten in einem Umfeld, das wir heute mit dem Begriff »bildungsfern« umschreiben.

Bei David bedeutete das also, dass wir uns anfangs tatsächlich nach seinem Berufswunsch Koch richteten und ihn in unserer Ausbildungskantine einsetzten. Doch es kam, wie es kommen musste: Schon nach einer Woche stellte sich heraus, dass er vollkommen ungeeignet war als Koch oder als Auszubildender in einer Küche.

Das hat er nach einer Weile auch selber gemerkt. Wobei das nicht dazu führte, dass er ohne Umschweife zugegeben hat, für diese Arbeit nicht geschaffen zu sein. David war eher unreflektiert in Bezug auf sich selbst – auch das ist typisch für viele jugendlichen Gefangene. Daher hat er die Schuld für sein offensichtliches Versagen nicht in seinem eigenen Unvermögen gesucht, sondern hat sie vielmehr auf die anderen und das gesamte Umfeld geschoben. Getreu dem Motto »Die anderen mögen mich nicht, und nur deswegen bin ich da nicht mehr hingegangen«.

Damit war der erste Versuch einer Ausbildung gescheitert – es sollte nicht der letzte bleiben. An der Jugendstrafanstalt Berlin existieren schließlich neun unterschiedliche Ausbildungsbereiche, die verschiedenen Fähigkeiten und Talenten gerecht werden. Wer Talent zur Holzverarbeitung zeigt, kann sich binnen drei Jahren zum Tischler ausbilden lassen, es gibt eine Sanitärwerkstatt für angehende Gas-, Wasser-, Klimainstallateure, die Metallwerkstatt für die Berufsausbildung zum Metallbauer und noch vieles mehr. Nicht zuletzt gibt es eine Kfz- und Zweiradwerkstatt.

Kurze Zeit nach dem gescheiterten Koch-Experiment kam David K. mit seinem nächsten Ausbildungswunsch auf uns zu: Er wollte nun doch lieber Zweiradmechaniker werden.

Wir haben auch darauf schon von Anfang an zurückhaltend reagiert. Als Mechaniker muss man schließlich ein gutes technisches Verständnis besitzen, und wir hegten starke Zweifel, dass das bei ihm wirklich der Fall war.

Aber wir haben ihm auch diesen Wunsch nicht gleich abgeschlagen. Erneut haben wir unter Vorbehalten zugestimmt und ihm gesagt, dass wir es mit ihm mal ausprobieren. Also haben wir ihn an einem Grundlehrgang teilnehmen lassen. Dass er nicht gleich die Ausbildung beginnen konnte, haben wir ihm damit erklärt, dass wir auf diese Weise testen wollen, wie umfangreich seine Vorkenntnisse im Hinblick auf die Technik an sich sind und wie groß sein Talent für das Schrauben beziehungsweise die Arbeit an Autos und Motorrädern ist.

Er wurde also kurz darauf in der Werkstatt eingesetzt und wieder kam es so, wie wir befürchtet hatten. David hat sich sprichwörtlich durch die Arbeit gequält, und recht schnell wurde erneut klar, dass diese Aufgabe ebenfalls nichts für ihn ist. Die notwendige Genauigkeit bei der Arbeit und die Verantwortlichkeit für ein Funktionieren technischer Komponenten war absolut nicht sein Ding.

Schnell stellte sich außerdem heraus, dass er gar nicht wegen der Arbeit als Kfz-Mechaniker in die Werkstatt wollte. Anders als von ihm vehement behauptet, ging es ihm nicht um das Schrauben an Autos und Motorrädern. Der einzig wirkliche Grund für seinen Ausbildungswunsch bestand darin, dass in der Werkstatt auch ein Kumpel aus seinem Zellenblock beschäftigt war: David K. suchte allein die Nähe zu einem Freund und die Beschäftigung in einem auf persönlicher Ebene vertrauten Umfeld – der Beruf oder die Ausbildung waren eher nebensächlich.

David hatte uns also bewusst oder unbewusst hinters Licht geführt. Was wir ihm jedoch gar nicht vorwerfen konnten – schließlich waren wir es, die sich auf das Spielchen einließen. Viel wichtiger für uns waren andere Erkenntnisse, die wir im Rahmen der Beschäftigungsmaßnahme gewannen. Auch die waren jedoch nicht positiv. Vielmehr mussten wir erkennen, dass David ein grundsätzliches Motivationsproblem aufwies. Er konnte sich nie dazu motivieren, eine Arbeit zunächst einmal aufzunehmen und sie dann auch konzentriert bis zum Schluss auszuführen. Das führte jedoch nicht nur dazu, dass seine Leistung an sich zu wünschen übrig ließ. Hinzu kamen immer wieder auch Ausfallzeiten: weil er entweder am Morgen einfach nicht in die Werkstatt ging oder weil er sich gelegentlich krankschreiben ließ.

Diese Antriebslosigkeit war typisch für seine gesamte Persönlichkeitsstruktur, und sie zog sich wie ein roter Faden durch den Umgang mit David. Was wir sahen, war auf der einen Seite dieser große 90-Kilo-Kerl – im Alltag hatten wir es aber andererseits mit dem Jugendlichen zu tun, der in gewisser Weise weichlich wirkte und sich nie wirklich zu irgendetwas aufraffen konnte.

Wie auch immer – mit der Kfz-Werkstatt war nun schon der zweite Versuch einer Ausbildung für ihn gescheitert. Wir setzten uns also erneut hin und überlegten, was denn vielleicht noch für ihn infrage kommen konnte. Denn irgendetwas mussten wir ja mit ihm machen – er war rechtskräftig verurteilt, vor ihm lag eine lange Haftzeit. Wir konnten ihn nicht über all die noch vor ihm liegenden Haftjahre einfach beschäftigungslos seine Zeit absitzen lassen.

Die Überlegung gingen dann in die Richtung einer Arbeit, bei der es weniger um Technik als vielmehr um den Bereich der Pflege ging.

Da war selbstredend nicht die Pflege von Menschen das Thema – wenn wir im Hinblick auf eine Ausbildung in der Pflege oder im fürsorgerischen Umgang mit Dingen denken, dann geht es nicht selten um den Bereich Gärtnerei. Auch das ist ein Ausbildungsbereich, der auf dem Anstaltsgelände zur Verfügung steht. Dort werden unter anderem Pflanzen gezüchtet, die wir dann zu moderaten Preisen verkaufen. Die Nachfrage ist besonders bei den Klein- und Hobbygärtnern groß, deren Parzellen die Jugendvollzugsanstalt umgeben. Doch der Plan einer Ausbildung Davids zum Gärtner scheiterte ebenfalls. Beim Umgang mit lebenden Pflanzen stellte sich wieder sehr schnell heraus, dass diese Arbeit ebenfalls nichts für ihn ist.

Nun waren also bereits drei Versuche gescheitert, und wir suchten händeringend nach einer Lösung in Form eines Ausbildungsberufes, der tatsächlich den Talenten und Wünschen von David K. entsprach. Die nächste Idee lautete: Textilreinigung. Regelmäßig werden bei uns in der Reinigung von zwei Meistern bis zu zehn Inhaftierte beschäftigt und bei Eignung auch zum Textilreiniger ausgebildet. Es handelt sich dabei allerdings – wie in den meisten anderen Bereichen – nicht nur um eine Lehrwerkstatt, die alleine zu Ausbildungszwecken existiert. Neben der Reinigung der Anstaltskleidung werden dort auch Aufträge von anderen Institutionen angenommen. Überwiegend kommen die Aufträge aus dem öffentlichen Dienst, es werden Uniformen der Polizei oder der Feuerwehr ebenso gereinigt wie Wäsche aus Kinderheimen.

Als wir David die Ausbildung dort vorschlugen, lag nach all den Fehlversuchen natürlich die Vermutung beziehungsweise

Befürchtung nahe, dass es wieder nicht funktionieren würde. Aber siehe da – der Umgang mit der Wäsche, das Bügeln, das Zusammenlegen der Kleidungsstücke, das war eine Arbeit, bei der David sofort den Eindruck machte, er sei irgendwie angekommen. Für Sauberkeit zu sorgen, das gefiel ihm.

Ein Psychologe wird an dieser Stelle sicher einiges in den Fall hineininterpretieren können, aber das ist nicht meine Aufgabe. Ich war zu diesem Zeitpunkt in erster Linie zufrieden und erleichtert, dass wir für David nach all den misslungenen Versuchen doch noch eine Lösung hatten finden können. Er hat diese Ausbildung tatsächlich angetreten und sie auch fortgesetzt.

Was nicht bedeutet, dass der Fall an sich für uns damit ein für alle Mal abgeschlossen war.

Spricht man im Strafvollzug davon, dass der Gefangene vorbereitet werden soll auf ein straffreies Leben nach verbüßter Haft, dann geht es neben Schul- und Ausbildungsmaßnahmen immer auch darum, die Persönlichkeit des Einzelnen zu entwickeln, sodass er sich damit beschäftigt, was überhaupt dazu geführt hat, dass er nun in Haft sitzt. Und dass er sich auch mit seiner Tat und deren Folgen auseinandersetzt.

David ist bei der Behandlung seiner Persönlichkeitsstörungen und der Aufarbeitung seiner Tat trotz weitreichender Unterstützung nicht sehr weit gekommen. Er hat keine deutlichen Fortschritte gemacht, ist vielmehr immer wieder auffällig geworden.

Mal hat er sich Anordnungen widersetzt, mal kam es zu den schon erwähnten Auseinandersetzungen mit anderen Gefangenen oder auch Drohungen gegenüber Bediensteten. Gemeinsam war all diesen Vorfällen, dass sie auf eine Art und Weise zutage traten, bei der sich die Auslöser der Aggressionen meist gar nicht nachvollziehen ließen. Es ging wie aus dem Nichts los.

Was in diesem Zusammenhang zweifellos auch eine Rolle spielte, war die Tatsache, dass David K. immer ein Problem mit Autorität hatte. Auch das reichte aber nicht aus, um wirklich zu verstehen, warum es immer wieder zu den Aggressionen und damit zu den entsprechenden Vorfällen kam. Es handelte sich im Grunde eher um ein Konglomerat an Ursachen, bei denen die Abneigung gegen Autoritäten eine von vielen Rollen spielte. Dahinter verbarg sich nicht allein eine grundsätzliche Abneigung oder Abwehrhaltung, das Problem stand vielmehr ebenfalls in Zusammenhang mit der für ihn typischen Antriebslosigkeit und Trägheit.

Wenn David also während seiner Ausbildung, wie es auch während der Ausbildung in der Reinigung immer wieder vorkam, aufgefordert werden musste, seine Arbeit in einer angemessenen Geschwindigkeit und auch Qualität zu erledigen, gab es häufig Stress. Vor allem, weil diese Anordnungen der Ausbilder eben seiner trägen Grundhaltung widersprachen und sie ihn zu einem Arbeitstempo verleiten wollten, das er nicht als passend oder in irgendeiner Form komfortabel empfand.

Also widersetzte er sich den Anordnungen und zeigte sich aggressiv. Allerdings nicht in der Form, dass er sofort auf andere losging. Er hat sich vielmehr so sehr aufgeregt und erregt, dass er schließlich aus den Ausbildungsräumen gebracht werden musste, damit der Arbeitsbetrieb überhaupt fortgesetzt werden konnte. Was dann im Grunde nur eine Fortsetzung des schon beschriebenen Problems darstellte, dass David immer wieder und immer aus unterschiedlichen Gründen der Arbeit und damit seiner Ausbildung fernblieb.

Seine Persönlichkeitsstruktur stand ihm auch in anderen Bereichen derart im Weg, dass er in gewissen Abständen mit den allgemeinen Anordnungen einer Vollzugsanstalt in Konflikt geriet. Mal war es der Haftraum, der nicht wie gefordert aufgeräumt war. Mal wollte er eine anstehende Durchsuchung des Raumes nicht zulassen – aus häufig schlicht nicht nachzuvollziehenden Gründen.

Ohnehin ließen sich viele seiner Handlungen oder Gedankengänge nur schwer in irgendeiner Form erklären. Ich erinnere mich daran, dass David eines Tages auf seiner Station ein Taschenmesser abgab. Es versteht sich von selbst, dass bei den Bediensteten sofort eine gewisse Unruhe und Alarmstimmung aufkam – ein Gefangener darf keine Waffe besitzen. Das Warum dürfte sich von selbst erklären.

Natürlich ist es zu begrüßen, wenn ein Häftling etwas, das er gar nicht besitzen darf, beim Personal abgibt. Es kommt aber auch die Frage auf, wie so eine Waffe überhaupt in seinen Besitz gelangt ist und warum er sie plötzlich abgeben möchte, obwohl ihn niemand danach gefragt hat.

Bei David stellte sich heraus, dass er das Taschenmesser einige Tage zuvor bei der Ausbildung in der Reinigung in einem Kleidungsstück gefunden hatte. Natürlich hätte er es dort ohne Verzögerung abgeben müssen, tat es aber eben nicht. Stattdessen steckte er das Messer ein und schmuggelte es an allen Kontrollen vorbei in seine Zelle.

Was ein riskanter Plan war, der auf den ersten Blick so gar nicht zu seiner grundsätzlich antriebslosen und fast schon lethargisch zu nennenden Grundhaltung passte. Schließlich bedeutet das Schmuggeln einer Waffe in einer Haftanstalt ein äußerst hohes Risiko, da es eigentlich unmöglich sein sollte, den Kontrollen zu entgehen. Aber für David K. stellte das Messer wohl einen dermaßen hohen Wert dar, dass er es versuchte – und mit viel Glück seinerseits sowie noch mehr Pech unsererseits auch schaffte.

Kein Kontrollsystem ist wirklich perfekt, auch wenn bei den Kontrollen neben einer allgemeinen Durchsuchung der Gefangenen Metalldetektoren zum Einsatz kommen. Mal schafft es einer, einen Gegenstand in seinem Schuh zu verstecken, mal wird einfach an anderer Stelle etwas übersehen.

Wenn ich sage, dass dieser Messerschmuggel auf den ersten Blick der Persönlichkeit von David K. widersprach, dann bedeutet das auch, dass es noch einen zweiten Blick gibt. Das gilt für Gefangene in vielen Fällen. Häufig schlummert im Einzelnen eben noch eine kriminelle Energie, die schließlich der Auslöser für die Taten war, die zu der Inhaftierung führten. Diese kriminelle Energie ist es, die jemanden wie David K. hohe Risiken eingehen lässt und die in diesem Fall dazu führte, dass er vielleicht nicht einmal über die Folgen nachdachte, was es denn bedeutete, wenn er mit einer solchen Waffe in der Hand erwischt würde.

Dann, als sein Plan schon funktioniert hatte, bekam er es aber doch wieder mit der Angst zu tun. Er dachte darüber nach, was wohl geschehen würde, wenn ein Messer in seiner Zelle gefunden wird – also gab er es ab.

Natürlich war den Bediensteten klar, dass er sich das Messer eigentlich hatte aneignen wollen, zu welchem Zweck auch immer. Sonst hätte er es gar nicht erst mitgenommen und in seinem Haftraum versteckt.

Das hatte selbstverständlich eine Disziplinarmaßnahme zur Folge, also Freizeiteinschluss. Was bedeutet, dass es an den Nachmittagen nach Arbeitsschluss keine Erlaubnis zur Teilnahme an Freizeitveranstaltungen gibt. Solche Maßnahmen sind durchaus gängig, wenn es sich um Zuwiderhandlungen handelt, die nicht massiv in Aggressionen gegen Bedienstete oder Mitgefangene ausgeartet sind. In derartigen Fällen kann es auch zu einem Arrest in einem abgesonderten und speziell gesicherten Haftraum kommen. Bei leichteren Fällen kann alternativ oder ergänzend zum Freizeiteinschluss eine Einkaufssperre für einen Monat verhängt werden. Was allerdings aus meiner Sicht eine etwas fragwürdige Sache ist. Denn wer vorübergehend kein Geld ausgeben darf, verschuldet sich häufig bei anderen Gefangenen, die für ihn einkaufen oder ihm etwas abgeben sollen. Am Ende muss er den Preis der Waren dann doppelt und dreifach zurückzahlen.

Aber zurück zu David K.: Insgesamt soll diese Episode vor allem erklären, wie vielfältig unsere Aufgaben im Umgang mit den jugendlichen Gefangenen sind – und wie vielfältig oder auch schwierig die Persönlichkeiten sind, mit denen wir es zu tun haben.

David brachte seine Ausbildung übrigens doch nicht bei uns zu Ende. Er war im Alter von 16 Jahren zu zehn Jahren Jugendstrafe verurteilt worden, was auch bedeutete, dass er während seiner Haftzeit nicht nur volljährig wurde, sondern auch das Alter eines Heranwachsenden deutlich überschritt. Daher wurde er später in den Erwachsenenvollzug verlegt, was nicht zuletzt seinem eigenen Wunsch entsprach. Rückblickend gesehen zählte er aber zu der Gruppe von Gefangenen, die trotz aller Unterstützung und Hilfe keine nennenswerten Fortschritte machten. Allerdings kann ich nichts über seine weitere Entwicklung im Erwachsenenvollzug sagen, ich hatte seit der Verlegung von David K. naturgemäß keinen Kontakt mehr zu ihm und habe mich auch nicht um weitere Informationen bemüht. Diese Vorgänge sind für uns Profis dann in aller Regel abgeschlossen.

Multimedia und der Knastkuchen – Wann neue Ideen sich durchsetzen und wann sie scheitern

Mit dem beginnenden Jahrtausend feierte ich schon mein 20. Dienstjubiläum – und fing trotz aller Erfahrung im Grunde noch einmal von vorne an. Nicht nur, weil ich nun neben der Lehrertätigkeit auch die Berufsausbildung der jugendlichen Gefangenen verantwortete. Es ging vielmehr darum, dass wir als Pädagogen im Vollzug gemeinsam überlegten, wie sich das, was wir taten, noch verbessern ließe. Wie wir unser Bildungsangebot im Sinne der Häftlinge noch optimieren könnten. Die Antwort, die wir darauf fanden, ließ sich im Grunde in einem Wort zusammenfassen: Differenzierung.

Um das zu erklären, muss ich noch einmal durch die Jahrzehnte zurückgehen. Während meiner Anfänge in den Achtziger- und frühen Neunzigerjahren habe ich mich bereits immer und immer wieder auf die unterschiedlichen Bildungsbedürfnisse der Gefangenen und deren sehr weit auseinanderklaffende Bildungsstände eingestellt, indem ich Einzelne auch individuell unterstützte und ihnen half, besser voran- oder mitzukommen.

Trotzdem ging es im Grunde immer um ein Standardprogramm, das angeboten wurde. Da gab es den allgemeinbildenden Unterricht für erwachsene Strafgefangene und kurzzeitige Bildungsangebote für jugendliche Untersuchungsgefangene, deren Verweildauer eher überschaubar war. Dazu kamen Sprachkursangebote je nach Bedarf. Und es gab auch Alphabetisierungsangebote in dem Maße, wie wir Analphabeten hatten – wobei es nie sehr viele echte Analphabeten bei uns gab. Auch wenn man von einer gewissen Grauzone ausgehen kann. Anders verhält es sich mit den sogenannten funktionalen Analphabeten. Der Begriff kennzeichnet eher ein Schriftsprachdefizit bildungsferner Menschen, die nicht in der Lage sind, Alltagstexte hinreichend sinnentnehmend zu lesen: Artikel der üblichen Tageszeitungen genauso wie Gebrauchsanweisungen für Geräte oder Behördenformulare. Dieses Schriftsprachdefizit weist ähnliche unterrichtliche Aufgabenstellungen auf wie der Unterricht in Deutsch als Zweit- oder Fremdsprache.

Mit dem neuen Jahrtausend wurde unsere Sicht auf diese Angebotsstruktur immer differenzierter. Wir haben angefangen wahrzunehmen, dass wir dauerhaft Kurse für unterschiedliche Niveaus einrichten müssen. Also vom Grundbildungslevel und der Alphabetisierung über kurzzeitige Aufbauangebote mit einem Zeitrahmen von einem halben Jahr bis hin zu Angeboten, deren Ziel darin bestand, den Hauptschulabschluss oder vielleicht sogar den mittleren Schulabschluss zu machen.

Was dann auch weitergehende organisatorische Aufgaben mit sich brachte. Bleiben wir beim Beispiel des mittleren Schulabschlusses beziehungsweise der mittleren Reife: Wir bieten den jugendlichen Gefangenen diese Bildungsmaßnahme zwar an, aber der mittlere Schulabschuss kann nicht direkt vor Ort in der Jugendstrafanstalt gemacht werden. Einfach weil wegen der fehlenden Grundvoraussetzungen dort nie eine genügende Zahl an Schülern zusammenkommt, die dieses Angebot wahrnehmen kann. Mal waren es in der Vergangenheit drei, mal fünf Gefangene, aber es handelte sich nie um eine hinreichende Anzahl, mit der man einen kompletten Kurs füllen konnte. Daher mussten und müssen sie für den Unterricht in die Strafanstalt für Erwachsene gebracht werden. Wir schicken sie in die JVA in Berlin-Tegel. Das wiederum bedeutet, dass ein regelrechter Schulbusverkehr eingerichtet ist, mit dem die Gefangenen morgens in einem kleinen Transporter nach Tegel gefahren werden und nachmittags wieder abgeholt und zurück zu uns gebracht werden. Das Gleiche gilt für die Berufsschüler, die ebenfalls – in der Regel einmal wöchentlich – zwischen der Jugendstrafanstalt und der Erwachsenenanstalt Tegel pendeln.

Solche Angebote sind aber nur ein Teil des weit differenzierten Angebotes, das wir in den vergangenen Jahren verwirklichen konnten. Denn was sich ebenfalls mit den beginnenden

2000er-Jahren änderte, das war der Umstand, dass wir nach den eher kleinen Anfängen der vergangenen Jahrzehnte nun auf einer ganz anderen Ebene mit den Computern zu arbeiten begannen.

So entstand im Jahr 2002 ein länderübergreifendes Projekt zur Entwicklung einer vollzugsinternen eLearning-Plattform. Dabei handelte es sich vom Grundsatz her um eine serverbasierte Sammlung von Lernprogrammen. Das mag auf den ersten Blick kein ungewöhnliches Vorhaben sein. Doch man muss sich bewusst machen, dass es eben eine Plattform für den Einsatz in Vollzugsanstalten sein sollte. Was bedeutete, dass es ganz andere Voraussetzungen als etwa in einer regulären Schule zu berücksichtigen galt: Hinter der Lernplattform verbarg sich daher natürlich auch eine große Bandbreite an Sicherheitsmaßnahmen, um etwa ein Eindringen von außen in dieses interne JVA-Netzwerk zu verhindern oder umgekehrt das Übermitteln von Informationen aus der Anstalt nach draußen zu unterbinden

Auch einen Namen bekam das neuartige System: eLiS – eLearning im Strafvollzug. Schon von Anfang an hätte eLiS es trotz aller Sicherheitsmaßnahmen auch ermöglicht, über die Anstaltsgrenzen hinaus zu kommunizieren – zum Beispiel für Videokonferenzen und Übertragungen aus einer Anstalt auf die Rechner in den anderen Anstalten. Ebenfalls möglich wäre auf dieser Basis eine E-Mail-Kommunikation zwischen Lehrern und Lernenden.

Die gesamte Plattform war also von ihrem Grundansatz schon sehr weitgehend, sehr durchdacht und zukunftssicher. Doch zumindest in den ersten Jahren sorgte sie immer wieder auch für Probleme. So zeigte sich eLiS auf der technischen Seite anfangs nicht allzu stabil. Hinzu kam eine nicht sonderlich hohe Leistungsfähigkeit, was jedoch nicht zuletzt darauf zurückzuführen war, dass zu jener Zeit die Datenübertragung noch nicht so reibungslos und schnell ablief, wie wir es heute gewohnt sind.

Es dauerte eine Weile, bis wir eLiS zu einem wirklich gut funktionierenden und stabilen System ausbauen konnten. Gleichzeitig musste zusätzlich noch dafür gesorgt werden, dass genügend Inhalte und Lernprogramme auf der Plattform eLiS zur Verfügung standen. Was schlussendlich gelang: Mittlerweile stellt eLiS nicht weniger als 130 auf die Bedürfnisse des Lernens im Strafvollzug angepasste Lernprogramme zur Verfügung. Diese Programme umfassen die allgemeine wie auch die berufliche Bildung und werden von einer äußerst umfangreichen Mediathek ergänzt.

An den Start ging eLiS zunächst in sieben Bundesländern. Neben Berlin waren das Brandenburg, Niedersachsen, Hamburg, Bremen, Schleswig-Holstein und Mecklenburg-Vorpommern – im Grunde also vor allem der Norden der Bundesrepublik. Über die Jahre kamen dann weitere Bundesländer und auch Österreich als Nutzer hinzu. Gleichzeitig wurde eLiS weiter ausgebaut und im Zuge dessen im Hinblick auf die Inhalte immer hochwertiger. Auch am Thema Leistungsfähigkeit sowie an der Stabilität wurde weiter sehr erfolgreich gearbeitet.

Mit dem Ergebnis, dass wir heute über eine Lernplattform verfügen, an der neben Österreich mittlerweile zehn Bundesländer beteiligt sind und zur Finanzierung beitragen. Es handelt sich in der aktuellsten Form um eine Plattform, die einen wirklich hervorragenden Umfang multimedialer Lernangebote zur Verfügung stellt.

Teilweise sind diese Angebote beziehungsweise Inhalte auch webbasiert – obwohl die Gefangenen auf keinen Fall Zugriff auf das wirkliche Internet bekommen. Was sich zunächst widersprüchlich anhört, ist im Grunde jedoch ganz einfach: Durch ihre spezielle Konzeption für den Strafvollzug erlaubt eLiS offline einen Zugriff auf ausgewählte Inhalte des Internets, die auf den Server gespiegelt werden.

Wir können sogar bei Bedarf bestimmte Internetseiten online freischalten. Das wird aber nur sehr eingeschränkt bei ausgewählten und wirklich unbedenklichen Seiten so praktiziert, ein Beispiel ist etwa das Angebot der Agentur für Arbeit. Schließlich dienen unsere Bildungsangebote dazu, dass die Gefangenen später in Freiheit arbeiten und so ihr Geld verdienen – also unterstützen wir sie auch bei der Suche nach einer Beschäftigung.

Insgesamt setzen wir die Möglichkeiten des eLearning auf unterschiedliche und sehr vielfältige Art und Weise ein. Einerseits wird es flankierend in einen Kurs eingebettet, sodass die Gefangenen auch lernen, besser und gezielter mit dem Computer umzugehen. Sie machen sich auf diese Weise zusätzlich mit der Arbeit am Betriebssystem oder verschiedenen Office-Paketen vertraut.

Zudem wird auf diese Weise vermittelt, wie ein Computer und dessen nutzbare Inhalte aufgebaut sind, wie man Inhalte aus dem Internet oder eben dessen Offline-Variante entnimmt.

Hinzu kommt, dass über die integrierten Lernprogramme die Möglichkeit besteht, gezielt und differenziert einzelne Fächer wie Mathematik zu trainieren, Deutsch zu lernen oder Vokabeln zu üben. Auch aus dem naturwissenschaftlichen Bereich gibt es mittlerweile sehr gute und ansprechende Lernprogramme. Insgesamt nennt man dies Blended Learning beziehungsweise integriertes Lernen – ein Mix aus dem Klassenunterricht und dem Lernen am Computer im IT-Fachraum.

Ergänzend bieten wir Vollzeitkurse zur IT-Grundbildung an. Das geschieht dreimal im Jahr in Form von viermonatigen Kursen, die Jugendlichen die Möglichkeit bieten, ihren Kenntnis- und Bildungsstand durch die vielfältigen Lernprogramme und durch die Verwendung von Computern noch gezielter und umfassender zu trainieren. Dabei geht es dann auch über die oberflächliche Anwendung von Lernprogrammen hinaus. Es werden also bestimmte Aufgaben mithilfe von Tabellenanwendungen gelöst oder es werden komplette Präsentationen mit den entsprechenden Computerprogrammen erstellt.

Die dritte Möglichkeit bei der Nutzung von eLiS besteht darin, dass man den Jugendlichen die Möglichkeit bietet, einen Computerführerschein zu machen – die ECDL beziehungsweise die European Computer Drivers License. Dabei handelt es sich um ein international anerkanntes Zertifikat, das dem Inhaber ein Wissen über die Funktionen eines Computers und die Kenntnis ausgewählter wichtiger Funktionen oder Programme bescheinigt.

Die ECDL ist in sieben einzelne Module unterteilt, die sich im Rahmen eines solchen Kurses gut unterrichten lassen. Nach jedem dieser Module findet eine Zwischenprüfung statt – und zwar online. Im Justizvollzug bedeutet dies, dass das System für diesen einen Moment auch tatsächlich online geschaltet wird, damit die Prüfung abgenommen werden kann.

Das Lernen mit und am Computer bietet aber nicht nur auf der rein pädagogischen Seite seine Vorzüge. Hinzu kommt noch, dass dieses eLearning auf die Jugendlichen einen gewissen Reiz ausübt. Sie gehen gerne in den Computerraum. Natürlich verbirgt sich dahinter erst einmal auch ein gewisser Entertainment-Aspekt – man kann sich an den Rechner setzen und bunte Bilder anschauen. Auch das Abarbeiten von Aufgaben am Computerbildschirm hat in gewisser Weise ja immer noch etwas Spielerisches. Das führt schlussendlich aber dazu, dass dieses Angebot insgesamt einen motivierenden Charakter besitzt. Es geht um Computer, um Technik, und Jugend mag Technik in Form von Digitalisierung. Das alles zusammen mündet in einem Maß von Interesse an unserer

Bildungsarbeit, das deutlich darüber hinausgeht, wie wir die Jugendlichen mit traditionellen Lerninhalten im Klassenraum erreichen können.

Das ist gut, und das ist wichtig. Aber es stellt im Endeffekt trotzdem keinen kompletten Umbruch bei der Bildung im Justizvollzug dar. Denn ich würde nicht so weit gehen, dass wir mit diesen digitalisierten Angeboten nun auch Häftlinge erreichen, die wir früher mit Papier und Schultafel nicht erreicht hätten.

Ich bin außerdem immer noch davon überzeugt, dass ein Computer niemals das Lehrangebot eines menschlichen Lehrers ersetzen kann. Die zwischenmenschliche Komponente der Beratung, das Eingehen auf den Einzelnen ist immer noch der wichtigere Bestandteil eines Unterrichts. Der Computer sollte eher als ein gutes Hilfsmittel betrachtet werden und nicht im Vordergrund stehen.

Was der Computer einbringt, ist vor allem die Möglichkeit, dass ein Wissen über den Umgang mit diesem Gerät ein ergänzendes und ein selbstständigeres Lernen erlaubt – man kann sich eben, wann immer die Möglichkeit besteht, an den Rechner setzen, kann dort recherchieren und ein Thema ausarbeiten.

Es geht dabei im Endeffekt auch um das Thema lebenslanges Lernen. Durch den Computer lernt man eben nicht nur im zeitlich fest umrissenen Unterricht, sondern kann vor dem Bildschirm jederzeit sein Wissen erweitern – entweder gezielt oder auch spielerisch und sogar beiläufig oder unbewusst.

Die Gefangenen lernen durch den Umgang mit dem Rechner, dass es sich um ein nützliches Instrument handelt, das nicht zuletzt die Gelegenheit bietet, ohne das Zutun von Lehrern immer wieder dazuzulernen und Neues zu erfahren.

Umgekehrt aber hat das Arbeiten mit dem Computer und speziell die Einführung der eLearning-Plattform eLiS auch für uns Lehrer verschiedene vorteilhafte Neuerungen gebracht. Denn das Angebot des in Kooperation mit der Universität Bremen und dem Institut für Bildung in der Informationsgesellschaft (IBI) Berlin entwickelten Systems beinhaltet neben der Bereitstellung und Pflege der Lerninhalte auch die Durchführung von Workshops, die uns als Lehrende im Strafvollzug unterstützen. Diese Workshops dienen in erster Linie einer Weiterbildung, indem sie neue Lerninhalte vorstellen und sie mit beispielhaften Methoden zur Nutzung der digitalen Inhalte verbinden.

So weit, so fortschrittlich. Doch der Exkurs über die Modernisierung der Lerninhalte im Strafvollzug darf nicht zu dem Trugschluss führen, dass die zuständigen Organe und auch die Mitarbeiter immer und grundsätzlich für Neues und neue Ideen zu begeistern sind. Denn wenn wir – wie es immer wieder einmal geschieht – wirklich neue Ansätze vorschlagen, kann das auch mal in die Hose gehen. Zum Beispiel wenn es uns darum geht, mit kreativen neuen Maßnahmen auf die Wichtigkeit der Bildung im Vollzug hinzuweisen, und das auch den Gefangenen auf eine bislang unbekannte Weise nahebringen wollen.

Ein Beispiel dafür ist eine aus meiner Sicht immer noch hervorragende Idee, die im Laufe des Jahres 2010 in Zusammenarbeit mit einer international anerkannten Werbeagentur umgesetzt wurde: das »Knastkuchen-Mailing«.

Gemeinsam mit den Initiatoren und Ideengebern der Werbeagentur Scholz & Friends überlegten eine Kollegin und ich seinerzeit, wie man gerade die Neuzugänge unter den Inhaftierten einer Vollzugsanstalt auf das Thema Bildung aufmerksam machen könnte. Ergebnis dieser Überlegungen war ein Plan, wie es ihn bisher noch nicht gegeben hat. Die Werber entwickelten daraus ein Konzept, in dessen Mittelpunkt ein frisch gebackener, mittelgroßer Schokoladenkuchen stand.

Dieser Kuchen, verpackt in eine Geschenkschachtel und geschmückt mit einer netten Schleife, sollte den Neuzugängen in den Haftraum gestellt werden.

Der Clou an der Sache war allerdings nicht nur die Backware an sich. Vielmehr verbarg sich im Teig ein hygienisch in Lebensmittelfolie eingeschweißter Bleistift, der von seiner Form her natürlich an die oft beschriebene eingebackene Feile erinnern sollte, mit der Angehörige oder Freunde Inhaftierten zur Flucht verhelfen wollten.

Dieser Bleistift wiederum war eingewickelt in ein Blatt Papier, das sich nach dem Abrollen als ein Werbeflyer für die Bildung im Vollzug entpuppte. Die ersten Sätze, die ein Gefangener auf dem Papier las, lauteten so: »Sie wollen so schnell es geht raus? Wir helfen Ihnen auszubrechen. Der klügste Weg nach draußen: gute Bildung. Lassen Sie sich beraten von Lehrerinnen und Lehrern.« Ergänzt wurden diese Worte von einer Kurzbeschreibung des Bildungsangebotes in der Jugendstrafanstalt.

Meine für die Öffentlichkeitsarbeit der Anstalt zuständige Kollegin und ich fanden das Projekt toll und hätten uns auch vorstellen können, es zu einer bundesweiten Kampagne auszubauen.

Was wir uns zu diesem Zeitpunkt jedoch nicht vorstellen konnten, waren die Reaktionen, denen wir bald in der eigenen Anstalt begegneten.

Zunächst einmal führte Scholz & Friends bei uns einen 14-tägigen Probelauf des Knastkuchen-Mailings durch. Dabei wurden auch die Mitarbeiter und die inhaftierten Jugendlichen befragt, was sie von der Sache hielten.

Es stellte sich schnell heraus, dass die Aktion nicht von jedem richtig verstanden wurde – unter anderem nicht von den Jugendlichen. Den Schokoladenkuchen fanden natürlich alle toll, den Bleistift haben sie noch dankbar mitgenommen und den Flyer fanden sie auch okay. Nur brachten sie das nicht mit dem Bild von der Feile im Kuchen in Verbindung – weil sie das gar nicht kannten. Dumm gelaufen vielleicht, aber nicht so schlimm, der Aha-Effekt war ja entscheidend.

Das ernstere Problem und damit die unerwartete Überraschung für die Kollegin und mich bestand allerdings darin, dass die Kolleginnen und Kollegen auf die Barrikaden gingen. Besonders die sozialpädagogischen und psychologischen Mitarbeiter der Anstalt haben sich über das Knastkuchen-Mailing ereifert. Was sie zu der Idee sagten, war mehr als deutlich: Das geht auf keinen Fall, ihr könnt doch die Gefangenen hier nicht veralbern, indem ihr ihnen einen Kuchen hinstellt und schenkt. Das sei so, als würden wir denen sagen: »So, nun seid ihr zwar in Haft, aber wir versüßen euch die Sache mal mit einem Kuchen.« Einige der Bediensteten empfanden die Idee als eine Verunglimpfung und Verhöhnung der Haftsituation.

Ich war angesichts dieser Kritik vollkommen perplex und erschrocken. Mit vielem hätte ich gerechnet, aber nicht damit. Es war und ist mir unverständlich, wie Menschen um derart viele Ecken denken, um zu solchen Widerständen gegen innovative Wege zu vollzuglichen Zielen zu gelangen. Hier zeigte sich schlagartig, wie wertkonservativ selbst der Jugendvollzug oftmals noch ist und wie wenig ernsthaft die Praxisebene oftmals mit dem pädagogischen Impetus des Einfühlungsvermögens in jugendliches Verhalten umgehen kann. Hier bewahrheitete sich eine alte Erkenntnis, dass der Justizvollzug eben wie ein Ozeanriese seine Spur zieht und lange braucht, um einmal seinen Kurs zu ändern.

Vor allem, weil es nicht bei einer einmaligen Aussage dieser Art blieb, vielmehr wurde der Widerstand gegen das Projekt sehr massiv, was am Ende leider dazu geführt hat, dass wir dieses Projekt aufgeben mussten. Es war unmöglich, die Aktion gegen den erklärten Widerstand des Fachdienstes durchzuziehen.

Ich muss zugeben, dass die Kollegin und ich und auch Scholz & Friends von dieser Entwicklung sehr enttäuscht waren.

Immerhin sollte sich nach unserem Scheitern auf andere Weise zeigen, dass es durchaus Menschen gab, die die Idee des »Knastkuchen-Mailings« zu schätzen wussten: Noch im Jahr 2011 hatte Scholz & Friends mit dieser Idee an einem der internationalen Kreativwettbewerbe der Werbebranche teilgenommen und erfuhr im Rahmen des angesehenen New York Festivals eine anerkennende Erwähnung damit.

Nur im Wörterbuch kommt Erfolg vor Mühe – Wie kulturelle Angebote über Anstrengung zum Erfolg führen

Lernen und Unterricht sind nicht zuletzt auch Arbeit – das ist eine Botschaft, die ich den Gefangenen regelmäßig vermittle. Ich hatte schon erwähnt, dass, wann immer ich einen neuen Unterrichtskurs beginne, erst einmal angesagt wird, welche Regeln dabei gelten. Eine dieser Regeln lautet eben, dass es in erster Linie darum geht, eine Leistung zu erbringen. Weil wir die Gefangenen für ihre Teilnahme an den Bildungsmaßnahmen bezahlen, können wir im Gegenzug auch eine Arbeits- oder Lernleistung erwarten.

Die Notwendigkeit der Leistung verdeutliche ich den Gefangenen zusätzlich mit einem Satz des legendären amerikanischen Footballtrainers Vince Lombardi. Der gewann seit den Fünfzigerjahren des vergangenen Jahrhunderts mit seinem Team fünf Meisterschaften in nur sieben Jahren und er wurde zusätzlich noch durch einen Ausspruch berühmt: »*Dictionary is the only place that success comes before work. Hard work is the price we must pay for success.«* Übernommen hat dieses Zitat übrigens auch Popstar Elton John, den die Jugendlichen eher kennen. Damit der Text auch in der deutschen Sprache funktioniert, muss man etwas an der Übersetzung von »work« drehen, weswegen ich den Begriff »Arbeit« durch das ebenfalls passende Wort »Mühe« ersetze. Ich sage den Gefangenen also, dass nur im Wörterbuch der Erfolg vor der Mühe kommt. Und dass Mühe der Preis ist, den wir für unseren Erfolg zu zahlen haben.

Zusätzlich mache ich ihnen verständlich, dass Lernen immer ein aktiver Prozess ist. Es geht also nicht darum, dass man im übertragenen Sinne einfach einen Kopf aufklappt und neues Wissen hineingibt. Aktiv bedeutet vielmehr, dass die Jungs mitdenken und mitarbeiten müssen und dass sie aufnahmebereit sein müssen für das, was im Unterricht auf sie zukommt. Sie sollen das Neue mit ihren eigenen Kenntnissen verknüpfen und beides zu Erkenntnis- und Lernzuwachs kombinieren.

Das mag sich zunächst idealistisch anhören und man kann sich leicht vorstellen, dass diese Botschaft nicht immer auf Anhieb ankommt. Aber ich bin mir bei meiner Arbeit durchaus der wissenschaftlichen Erkenntnis bewusst, dass Lernen leichter gelingt, wenn es zudem noch Spaß macht. Deswegen geht es beim Lernen in der Vollzugsanstalt auch darum, die Jugendlichen auf Basis ihrer Bedürfnisse abzuholen und ihnen entsprechende Angebote im Rahmen des Unterrichts zu machen.

Was zum nächsten Punkt führt, den unsere Arbeit umfasst: Kultur. Das ist sicher kein Begriff, den Außenstehende auf Anhieb mit dem Alltag eines Inhaftierten verbinden. Doch er zählt traditionell zu unserer Bildungs- und Erziehungsarbeit.

Schon während meiner Anfangszeit in der JVA Moabit in den Achtzigerjahren gehörten kulturelle Angebote dazu – von

Musik über Malerei bis zum Theater. Das bedeutet allerdings nicht, dass wir losgehen und den Insassen einfach unsere Bildungsbürgerkultur überstülpen beziehungsweise es zumindest versuchen. Wie gesagt: Es geht vielmehr darum, gerade die Jugendlichen auf der Basis ihrer Bedürfnisse abzuholen. Und was immer zu diesen Bedürfnissen zählt, das ist die Musik – in der jüngeren Vergangenheit und der Gegenwart vor allem Hip-Hop beziehungsweise Rap.

Wenn wir also von Kultur sprechen, dann nicht zuletzt eben von Angeboten, die auf dieser Basis aufbauen. Dabei kann es sich um Projekttage im Rahmen des Unterrichts handeln, aber auch an den Nachmittagen außerhalb des Unterrichts werden unter Aufsicht etwa eigene Rap-Songs geschrieben oder manchmal ebenfalls moderne Theaterstücke geprobt.

Natürlich nicht nur zum Spaß, sondern immer verbunden mit unserem Bildungsauftrag.

Damit das funktioniert und von den Jugendlichen angenommen wird, arbeiten wir auf diesem Gebiet mit einem externen Träger in Berlin zusammen, der diese Hip-Hop- und Rap-Kultur entsprechend reflektiert und erzieherisch bedient. Bei diesem Träger handelt es sich um den 1990 gegründeten Verein Gangway, der sich auf Straßensozialarbeit mit Jugendlichen und Erwachsenen in Berlin spezialisiert hat.

Doch was Gangway tatsächlich tut, geht weit über die Vorstellungen herkömmlicher Straßensozialarbeit hinaus. Hier wird diese Sozialarbeit viel weiter gefasst und mit neuen und frischen Ansätzen angereichert. So konzentriert sich Gangway unter anderem darauf, dass Jugendliche aus vollkommen unterschiedlichen Lebenswelten zusammengebracht werden: damit sie voneinander und miteinander lernen – verbunden mit dem Wunsch, dass sie sich gegenseitig neue Ansätze vermitteln und dann beginnen, ihr eigenes Leben neu zu durchdenken.

Wenn von unterschiedlichen Lebenswelten die Rede ist, dann ist das auch räumlich durchaus wörtlich zu nehmen. Es geht also nicht nur um Jugendliche aus verschiedenen Stadtteilen oder sozialen Schichten, es geht um einen Austausch über die Grenzen der Kontinente hinweg. So wurde unter anderem in Richtung New York und dem Stadtteil Bronx ein Kontakt zwischen den Jugendlichen dort und in Berlin hergestellt. Im Rahmen der sogenannten BronxBerlinConnection fand zudem immer wieder ein Austausch statt, durch den Jugendliche aus Amerika nach Berlin kamen und immer wieder Gruppen von hier nach New York reisten – darunter auch einige Haftentlassene.

Es finden tatsächliche Begegnungen zwischen drinnen und draußen, hier und dort statt. Dabei wird natürlich auch die fremde Stadt erkundet, vor allem dreht es sich aber um HipHop: Man macht gemeinsam Musik, lernt Ikonen der HipHop-Kultur kennen und reißt schlussendlich Mauern und Barrieren zwischen den Kulturen ein.

Der Sinn solcher Projekte besteht indessen nicht vordergründig darin, dass wir unsere Gefangenen auf eine spätere Musikerkarriere vorbereiten. Auf der anderen Seite ist es natürlich nicht schädlich, wenn tatsächlich einige Inhaftierte später draußen in der Musikszene Fuß fassen und damit ihr Geld verdienen.

Wichtiger ist aber ein anderer Punkt: dass wir Bildung auch als Verankerung in Freizeitbezügen verstehen – in sinnvoller Gestaltung von Freizeit. Denn Bildung ist nicht nur das Wissen, das ein Mensch schulisch anhäuft. Bildung drückt sich auch dadurch aus, wie ein Mensch sich kulturell einordnet, wie er seinen Horizont erweitert und über den eigenen Tellerrand hinausschaut. Dass er erkennt, dass die Probleme in seinem persönlichen Umfeld oder auf seinem Kiez eben nicht der Mittelpunkt von allem sind und dass es durchaus noch ganz andere Themen auf der Welt gibt – und Menschen, die mit diese Schwierigkeiten vielleicht vollkommen anders umgehen. Etwas über die Lebensverhältnisse von Jugendlichen in der Bronx zu erfahren – auch das ist Bildung.

Der Begriff »Bildung« ist mir in diesem Kontext sehr wichtig, weil es hier ebenfalls darum geht, wie wir Jugendlichen Bildung vermitteln. Und das tun wir in den unterschiedlichsten Bereichen. Mal über die formale Bildung im schulischen Bereich, mal im Bereich Freizeit und in der Kultur. Bildung ist ein ganzheitlicher Ansatz.

Für den beschriebenen pädagogisch-didaktischen Konzeptansatz hat dann auch 2007 unsere Pädagogin Birgit Lang als Würdigung ihrer und dieser Arbeit insgesamt einen der sieben Ehrenpreise des ersten Deutschen Weiterbildungstages als »innovativste Dozentin« erhalten. Die Laudatio hielt der *Tatort*-Pathologe Joe Bausch, seines Zeichens Gefängnisarzt in der Justizvollzugsanstalt Werl in Nordrhein-Westfalen. Das ganze Kollegium hat sich damals sehr mit der Kollegin gefreut, und wir fühlten alle unsere bildungspädagogische Arbeit wertgeschätzt.

Nun fällt es nicht sehr schwer, sich einige der kritischen Reaktionen Außenstehender vorzustellen, wenn ich davon berichte, dass Exgefangene auf Kosten öffentlicher Fördergelder nach New York reisen dürfen, dass sie sich mit Hip-Hop und dem Texten von Songs beschäftigen können. Doch das führt wieder zurück zu dem angesprochenen Punkt, dass Bildung eben auch bedeutet, über den eigenen Tellerrand hinauszuschauen – und zwar nicht nur für die Gefangenen, sondern ebenso für uns als gebildete Menschen.

Als Beispiel möchte ich dazu auf ein weiteres Projekt zu sprechen kommen, das durch die Zusammenarbeit mit dem Verein Gangway zustande kam und dessen Bildungsergebnis sich auf eine sehr ungewöhnliche und positive Wiese äußern sollte.

Ich nenne dieses Projekt in der Regel nur »Nairobi« – weil es sich dabei um einen Austausch mit jungen Künstlern aus der kenianischen Hauptstadt Nairobi handelte. Der offizielle Titel lautete »Spoken Wor:l:ds«. Im Mittelpunkt der Aktion stand die derzeit boomende Szene in Nairobi, die moderne urbane Poesie und Hip-Hop miteinander verbindet. Meist geht es dabei um Geschichten aus dem Alltag der Menschen, um Texte, in denen die Lebensbedingungen aufgearbeitet und mit Musik kombiniert werden. Im Rahmen des Projekts reisten junge Künstler aus Berlin nach Kenia, umgekehrt kamen kenianische Künstler nach Berlin. Sie nahmen an verschiedenen Veranstaltungen teil, und sie kamen auch zu uns in die Jugendstrafanstalt.

Es saßen also fünf junge kenianische Poeten und Musiker den Gefangenen gegenüber, und sie berichteten über ihre Heimat. Sie haben über ihre Lebensbedingungen gesprochen, wie sie daraus ihre Texte formten. Wenn ich Lebensbedingungen sage, dann bedeutet das nicht zuletzt, dass unsere Berliner Jugendlichen mit Umständen konfrontiert wurden, von deren Existenz sie zuvor nicht im Entferntesten etwas ahnten. Die Kenianer erzählten von der alltäglichen Polizeiwillkür in ihrer Heimat und auch davon, dass es in unserer Vollzugsanstalt sauberer ist als in einem Krankenhaus in Nairobi.

Wir haben auf dieser Basis anschließend verschiedene Workshops veranstaltet, an denen die Menschen aus Nairobi teilnahmen. Dabei kamen immer einzelne Aspekte des Lebens in Kenia zur Sprache. Mal haben wir das Thema Frauenrechte behandelt, mal ging es um Wege aus der Armut. Vor diesem Hintergrund wurden dann unter anderem Texte produziert, die man musikalisch aufbereiten konnte.

Das alles gestaltete sich nicht einfach, weil die Besucher aus Kenia so gut wie kein Deutsch konnten und unsere Jungs meist des Englischen nicht sehr mächtig waren. Wir mussten uns also mit der Hilfe von Dolmetschern verständigen.

Das Tolle an dieser Aktion bestand jedoch nicht in den entstandenen Texten, sondern darin, dass unsere jungen Gefangenen tatsächlich die Informationen der Besucher aus Nairobi in sich aufgenommen haben. Sie haben sich teilweise regelrecht berührt davon gezeigt, was sie über die Lebensbedingungen in Kenia erfuhren.

Als das Projekt zu Ende ging, haben sie daher nicht einfach weitergemacht wie vorher. Vielmehr haben sich rund 20 unserer Gefangenen in einem Kreis zusammengesetzt – und sie haben beraten, wie sie helfen konnten.

Das führte zu einer einstimmigen Entscheidung, dass alle von ihren geringen Einkünften im Knast etwas abgeben wollten, um zu helfen. Dieses Geld wurde tatsächlich eingesammelt und gespendet mit dem Ziel, den Kenianern ein wenig Hilfe zu geben. Natürlich kamen keine großen Summen zusammen, es handelte sich um etwa 100 Euro. Aber für die Gefangenen war es viel Geld, das sie abgaben mit der Hoffnung, dass sich einige Menschen in Kenia davon zumindest etwas frisches Wasser oder Papier für ihre Texte oder Stifte für das Lernen in der Schule leisten können. Ich empfand diese Geste als eindrucksvolles Gemeinschaftserlebnis und als Beispiel dafür, dass ein Wissen, das über den persönlichen Tellerrand hinausgeht, durchaus ein wichtiger Faktor der Bildung ist, die wir vermitteln wollen.

Natürlich sind diese internationalen Kontakte nicht der Alltag für die Jugendlichen im Strafvollzug. Aber auch abseits solcher Highlights fristet das Kulturangebot für die Jugendlichen alles andere als ein Nischendasein. Die Teilnahme ist zwar vollkommen freiwillig, aber viele der Häftlinge machen ausgesprochen gerne dabei mit. Auch wenn das, was wir auf dem Gebiet vorhaben, oftmals weit über das Schreiben eines Textes für einen Hip-Hop-Song hinausgeht.

So realisieren wir derzeit mit dem Berliner Knast-Theaterverein aufBruch einen groß angelegten Zyklus aus Musik, Theater und Film, der auf der »Winterreise« basiert, einem Liederzyklus von Franz Schubert. Dieser Zyklus aus dem Jahr 1827 besteht aus insgesamt 24 Liedern und er handelt grob gesagt von einem Wanderer, der ohne Ziel und Hoffnung in eine Winternacht hinausgeht. Die einzelnen Lieder beschreiben seine Erlebnisse und vor allem auch seine Stimmungen, die zwischen Überschwang und Hoffnungslosigkeit schwanken. Der gesamte Projektzeitraum ist auf drei Jahre angelegt und wird aus EU-Mitteln finanziert.

Es handelt sich also um ein durchaus ambitioniertes Vorhaben, bis zu dessen Realisierung die Mitwirkenden sehr viel Mühe aufzubringen haben. Trotzdem hat sich sehr schnell eine große Zahl Interessierter zur Teilnahme angemeldet. Weil wir solche Projekte eben immer auf eine Art angehen, mit der wir die Bedürfnisse und Interessen der Gefangenen ansprechen.

Wir wollen also nicht einfach nur einen fast 200 Jahre alten Liederzyklus für Gesang und Klavier in seinem klassischen Gewand auf die Bühne bringen. So etwas würde bei den Gefangenen nicht auf ein derartiges Interesse stoßen, wie es bei unserer Theaterproduktion der Fall ist. Vielmehr handelt es sich bei derartigen Kulturprojekten – und eben auch bei der »Winterreise« – immer um eine Kombination aus moderner Textproduktion, musikalischer Aufarbeitung der Inhalte und deren Vertonung in Musik, Rhythmus und Sprechgesang. Hinzu kommen außerdem Dance-Elemente, weil sich die Jugendlichen gerne bewegen.

Insgesamt entsteht so ein Mix, den viele der Jugendlichen wirklich lieben und an dem sie immer wieder teilhaben wollen. Nicht nur das: Es zeigt sich auch, dass einige der Teilnehmer tatsächlich sehr talentiert sind – mal als Texter, mal als Darsteller und manchmal als Tänzer.

Natürlich sollte man sich die Arbeit an einem solchen Stück nicht wie die an einer Theaterakademie vorstellen. Dazu ist unsere Klientel zu speziell und sie hat zuvor häufig eben nicht sehr viel Erfahrung mit Disziplin und dem Einhalten eines Arbeits- oder Projektplans gesammelt, was nichts anderes bedeutet als: Am Anfang gestalten sich solche Projekte stets recht chaotisch. Doch die Theaterpädagogen schaffen es immer wieder, dem Ganzen eine Struktur zu verleihen, sodass aus dem anfänglichen Chaos schließlich ein regelrechter Flow entsteht, der Training und Disziplin vereint.

Diese Disziplin und die dauerhafte Beschäftigung mit der eigenen Rolle im Rahmen des Projektes ist allerdings nicht allein auf die Fähigkeiten der Pädagogen zurückzuführen. Nicht weniger wichtig ist in diesem Zusammenhang, dass es sich speziell bei den Theaterprojekten nicht um eine Bildungs- oder Beschäftigungsarbeit handelt, die sich auf den Kreis der Gefangenen beschränkt. Vielmehr wird hier alles mit einem sehr realen Ziel angegangen: Das Wichtigste an solchen Projekten ist, dass am Ende die Aufführung des Stückes auf der Bühne zustande kommt.

Und zwar vor einem Publikum, das sich nur zum Teil aus Insassen oder Bediensteten der Haftanstalt zusammensetzt. Die Angehörigen, die Familien der Gefangenen erscheinen ebenfalls zu solchen Ereignissen. Häufig werden auch, wie an jeder normalen Theaterkasse, Eintrittskarten für die Aufführungen an Außenstehende verkauft. Zudem handelt es sich um Ereignisse, die auch dazu führen, dass Medienvertreter zu den Veranstaltungen erscheinen – wobei wir gerade bei den Jugendlichen darauf Wert legen, dass keine Fotos oder Filmaufnahmen in die Öffentlichkeit gelangen, auf denen die Gesichter der minderjährigen Insassen zu erkennen sind.

Das alles ist verbunden mit einem hohen organisatorischen Aufwand für die Anstalt – auch im Hinblick auf die zusätzlichen Sicherheitsprobleme die dadurch entstehen, dass man die Tore für eine vergleichsweise hohe Zahl von Außenstehenden öffnet.

Doch wichtiger ist das, was auf der Bühne geschieht. Vor allem dadurch, dass diese Theateraufführungen Erfolgserlebnisse ermöglichen, die viele der Jugendlichen zuvor noch nie gekannt haben. Sie bekommen Zustimmung und Achtung, werden sogar für ihre Leistung beklatscht – das ist für die Beteiligten ein oftmals unvergessliches Erlebnis.

Das wiederum führt zu einem Ergebnis, das nicht zuletzt auch für mich als Pädagoge wichtig ist: Durch Erfolgserlebnisse wächst Motivation. Wenn ein junger Gefangener einmal erlebt, dass er Erfolg dadurch hatte, dass er sich tatsächlich Mühe gegeben und sich angestrengt hat – dann wird er auch beim nächsten Mal eine Bereitschaft zeigen, sich in einen solchen anstrengenden Prozess zu begeben. Er wird also nicht einfach vor einer Anstrengung flüchten, sondern sie bewusst für sich nutzen.

Natürlich wäre es vermessen, davon auszugehen, dass all das wirklich ausnahmslos zu einem dauerhaften Erfolg führt. Nicht jeder Gefangene ist durch unsere Maßnahmen schließlich so geläutert, dass er von nun an ein straffreies Leben führen kann.

Aber es gibt eben immer wieder auch die Positivbeispiele – Menschen, die mithilfe unserer Angebote und dazu natürlich auch mithilfe ihres eigenen Willens wirklich etwas ändern und den in der Haft begonnenen Weg fortsetzen. Manchmal tatsächlich in Form von künstlerischer Tätigkeit.

Ein sehr schönes Beispiel ist das, was in Zusammenarbeit mit dem Verein Gangway in dem Projekt GittaSpitta mündete und am Ende weit darüber hinausging. Der Begriff »GittaSpitta« setzt sich aus *Gitta* für »Gitter« und dem Begriff »Spitta« zusammen, der für schnellen Rap steht.

In diesem Projekt engagierten sich einige Gefangene, um ihre Erfahrungen in Texten auszudrücken und schließlich auch – mit bescheidenen technischen Mitteln – wirklich Songs daraus entstehen zu lassen. Die Jungs begannen also damit, ihre Gefühl in der Haft, ihre Wünsche und auch ihre Wut in Worte zu fassen.

Diese Arbeit setzten einige von ihnen nach der Entlassung mit Unterstützung von Gangway fort. Das führte schließlich dazu, dass eine komplette CD mit 20 Songs fertiggestellt wurde – was wir mit einer Party in der Jugendstrafanstalt feierten.

Im Jahr 2013 wurde diese CD veröffentlicht – der Titel »9qm« steht stellvertretend für das Leben in den exakt so großen Hafträumen. Zwar wurde das Werk trotz oft angeklickter Lancierung auf YouTube kein durchschlagender Charterfolg, aber die beiden verbliebenen GittaSpitta-Mitglieder wurden zumindest in der Berliner Presse gefeiert. Sie machen seitdem weiter ihre Musik, arbeiten an anderen künstlerischen Projekten mit und engagieren sich gegen Rassismus.

Vorschnelle Entscheidungen – Vorzeitige Entlassung ist nicht immer der beste Weg

Wenn ich über die vielfältigen Möglichkeiten der Bildung im Justizvollzug und auch unsere Fortschritte über die Jahre und Jahrzehnte spreche, dann darf die andere Seite nicht vergessen werden – die Probleme. Damit meine ich nicht die Schwierigkeiten beim Umgang mit einzelnen Gefangenen, sondern grundsätzliche Probleme. Eines der wichtigsten davon ist die Zeit, die uns häufig fehlt. Unsere Bildungsangebote benötigen Zeit, die wir mit den Gefangenen verbringen. Die steht aber häufig nicht in ausreichendem Ausmaß zur Verfügung – nur zu häufig wird sie uns auch noch nach einem gesprochenen Urteil von den Gerichten wieder genommen.

Wird zum Beispiel über vorzeitige Entlassungen von Gefangenen gesprochen, dann werten Außenstehende das in der Regel als positiven Schritt für diesen Menschen auf dem Weg zurück in die Gesellschaft. Vergessen wird jedoch, dass so eine vorzeitige Entlassung auch Chancen zerstören kann, weil sie uns notwendige Zeit nimmt.

Aber fangen wir vorne an. Das Berliner Jugendstrafvollzugsgesetz wie auch die Gesetze in anderen Bundesländern stellt uns eine ganz klare Aufgabe, und die lautet: Am Anfang der Inhaftierung in der Strafhaft ist der Förder- und Erziehungsbedarf festzustellen.

In den ersten drei bis vier Wochen der Haftzeit ermitteln wir also mit diagnostischen Mitteln unter anderem, welchen Bildungsstand derjenige hat, welche Persönlichkeitsprobleme eventuell bestehen. Auf Basis dieser Erkenntnisse definieren wir, in welche Richtung eine Entwicklung im Hinblick auf Bildungs- und Qualifizierungsmaßnahmen sowie die Persönlichkeitsentwicklung während des Vollzugszeitraumes gehen kann und soll. Das schreiben wir dann in den sogenannten Vollzugsplan.

Nun ist es natürlich je nach Schwere der Defizite ein unterschiedlich aufwendiges Unterfangen, zu den gewünschten sinnvollen Ergebnissen zu kommen. Hat der Mensch, um den es geht, nur einen geringfügigen Förderbedarf, wird ein Zeitrahmen von einem bis eineinhalb Jahren unter Umständen ausreichen. Bei jugendlichen Heranwachsenden mit erheblichen Defiziten – bildungsfern aufgewachsen, keine deutsche Sprache, Persönlichkeitsverwahrlosung oder was auch immer – ist dagegen je nach Einzelfall ein Behandlungsbedarf von mehreren Jahren mit unterschiedlichster Intensität notwendig. Anders ausgedrückt: Je höher das Rückfallrisiko eingeschätzt wird, desto höher ist auch der Behandlungsbedarf. Und umso intensiver muss auch behandelt werden – mit dem entsprechenden Fachpersonal und natürlich auch mit dem entsprechenden Zeitaufwand.

Wenn es um das Ziel unserer Bildungsmaßnahmen im Vollzug geht, dann sagen wir immer: Ein Schulabschluss ist für das weitere Fortkommen im Leben besonders wichtig. Denn 75 Prozent unserer inhaftierten Jugendlichen haben keinen Schulabschluss – diese Zahl ist ein bundesweiter Durchschnittswert. Das vorrangige Ziel besteht also darin, die Bildung zu verbessern und einen Schulabschluss zu erreichen.

Das funktioniert allerdings nicht in jedem Einzelfall. Ein Beispiel: Nehmen wir einen Inhaftierten, der wegen eines schwereren Deliktes drei Jahre Haftzeit vor sich hat. Einen Schulabschluss besitzt er nicht. Für mich stellt sich dann die Frage, ob wir ihn zunächst einmal eineinhalb Jahre in eine Schulmaßnahme mit dem Ziel Hauptschulabschluss nehmen. Eineinhalb Jahre sind dafür in der Regel immer notwendig. Die reine Schulzeit beträgt etwa ein Jahr, hinzu kommt aber eben die Diagnostik, vielleicht noch ein Vorbereitungskurs – außerdem muss auf den Beginn des nächsten Schulkurses gewartet werden.

Da bleibt dann die Frage, was wir mit den übrigen eineinhalb Jahren der dreijährigen Haftstrafe machen, welche sinnvolle Maßnahme sich noch durchführen ließe. Diese Frage führt auch dazu, dass man Alternativen zu diesem Schulkurs mit dem Ziel Abschluss überlegt. Zum Beispiel indem man schaut, ob der Inhaftierte eventuell eine handwerkliche Eignung hat – so wie ich es bereits im Fall von David K. beschrieben habe. Dann könnte also das Ziel darin bestehen, dass der Gefangene in der Anstalt direkt in eine Berufsausbildung einsteigt und nach seiner Haftzeit zwar ohne Schulabschluss, dafür aber mit einer abgeschlossenen Berufsausbildung dasteht.

Wir versuchen jedes Mal individuell zu entscheiden, was das passende, das richtige Angebot für den Einzelnen ist: der Bedarf in Kombination mit der absehbaren Verweilzeit. Schließlich dauert eine Berufsausbildung auch in der Haft eben zwei bis drei oder gar dreieinhalb Jahre.

Was wieder zu dem Punkt führt, den ich zu Beginn dieses Kapitels erwähnte: die Zeit und der Mangel daran. Das ist für uns immer ein grundsätzliches Thema. Denn der Jugendvollzug hat in der Regel keine allzu langen Haftzeiten. Die Verweilzeiten sind so kurz, dass 50 Prozent der Gefangenen nicht mehr als ein Jahr in einer Vollzugsanstalt verbringen. Das finde ich fast noch aussagekräftiger als die oft zitierte durchschnittliche Verweilzeit, die wir im Augenblick mit 12 bis 15 Monaten angeben. Denn Durchschnitt bedeutet schließlich nichts anderes, als dass es immer auch Häftlinge gibt, die noch kürzer oder aber wesentlich länger in Haft sind.

Gerade bei diesen längeren Strafen kommt noch ein anderer Umstand hinzu, der im Grunde im Widerspruch zu der Zeit steht, die wir für unsere Maßnahmen benötigen: Die eventuelle vorzeitige Entlassung.

Es kommt nicht selten vor, dass wir einen jugendlichen Gefangenen in einer Berufsausbildung untergebracht haben, und dann aber der zuständige Jugendrichter als Vollstreckungsleiter nach einer Weile entscheidet, dass derjenige zum Beispiel schon nach zweieinhalb statt seiner eigentlich auf drei Jahre festgesetzten Haft entlassen werden soll. Was natürlich zu einem Konflikt mit dem Ziel der abgeschlossenen dreijährigen Ausbildung führt.

Derzeit sitzen nur zwei Drittel unserer jugendlichen Gefangenen ihre Strafe in vollem Umfang ab, ein Drittel wird vorzeitig entlassen.

Wie schon gesagt: Vorzeitige Entlassung hört sich zunächst einmal gut an – derjenige hat sich vermeintlich den Regeln entsprechend verhalten, wird daher wegen guter Führung vorzeitig wieder in die Freiheit entlassen. Doch diese Vorgehensweise führt nicht nur zu einem Konflikt mit den eigentlich geplanten Bildungsmaßnahmen. Der wirklich eindrucksvolle Sachverhalt in diesem Zusammenhang besteht in einem überraschenden Punkt: Die Rückfälligkeit ist nach den mir bekannten Zahlen bei den Inhaftierten höher, die vorzeitig entlassen wurde. Und das führt zu der Frage, warum das so ist. Meines Erachtens spielt es dabei eine Rolle, dass gerade die vorzeitig Entlassenen ein Gefühl entwickeln können nach dem Motto »So schlimm war es ja gar nicht« – weil die Haft eben doch nicht so lange dauerte, wie sie zunächst befürchten mussten. Das kann natürlich zur Folge haben, dass diese Menschen eher weiter kriminell aktiv sind als diejenigen, die wirklich bis zum letzten Tag ihre Strafe absitzen mussten und genau das nicht noch einmal erleben wollen. Die leben eher mit dem Bewusstsein, dass es wieder ernst werden kann, wenn sie bei einer strafbaren Handlung ertappt werden. Und dass sie vielleicht wegen ihrer Vorstrafe zu einer noch längeren Haft verurteilt werden, die sie dann ebenfalls wieder bis zum letzten Tag absitzen müssen.

Die Jugendrichter allerdings haben häufig noch die Idee, dass Haft die schlechtere Alternative ist – bei der Verurteilung wie auch bei der Entscheidung über vorzeitige Entlassung. Deswegen gibt es häufig keine längeren Haftstrafen, und deswegen gibt es oftmals die Tendenz, vorzeitig zu entlassen.

Natürlich muss dazu eine positive Stellungnahme der Anstalt vorliegen. Aber die kommt in der Regel, wenn nichts wirklich Gravierendes dagegenspricht. Etwa wenn das deliktspezifische Rückfallrisiko nicht allzu hoch ist. Wenn dann auch noch die Anbindung an die Familie einigermaßen gegeben ist, kann es schon ausreichen, dass man auf Bewährung entlässt. Natürlich immer verbunden mit der Hoffnung, dass derjenige keine weiteren ähnlichen Straftaten mehr begeht.

Bei diesen Entscheidungen dreht es sich immer auch um die Frage, welche Chancen der Jugendliche außerhalb der Haftanstalt hat. Ob es eine Chance gibt, seinen Bildungsweg fortzusetzen – also einen Schulabschuss zu machen oder eine begonnene Berufsausbildung erfolgreich abzuschließen. Ist das der Fall und gibt es keine weiteren bedeutenden Gründe, die dem entgegensprechen, dann wird eben häufig auf vorzeitige Entlassung entschieden.

Man berücksichtigt zwar durchaus das Danach, betrachtet also das Umfeld und die Möglichkeiten nach der Entlassung – nur geschieht das oft genug nicht in einem hinreichenden Maße. Ein großes Problem besteht nämlich darin, dass dieses Danach auf Freiwilligkeit basiert und nicht verpflichtend ist. Der Entlassene hat also im Optimalfall die Möglichkeit, seine Ausbildung fortzusetzen, er bekommt auch Unterstützung von Sozialarbeitern. Aber am Ende entscheidet er doch allein, was er wirklich tut.

Für die Fortsetzung einer im Vollzug begonnenen Maßnahme nach der vorzeitigen Entlassung gibt es verschiedene Modelle, die man im Grunde aber in zwei Vorgehensweisen aufschlüsseln kann. Wenn ein Häftling eine Schulmaßnahme oder vor allem eine Berufsausbildung bei uns in der Vollzugsanstalt begonnen hat, wird im Zuge der vorzeitigen Entlassung einerseits häufig so argumentiert, dass man denjenigen ja in einer externen Einrichtung unterbringen kann, wo er seine Lehrausbildung oder die begonnene Schulmaßnahme fortsetzen kann. Aber wie gesagt erfolgt der Besuch dieser Einrichtung auf freiwilliger Basis – und findet nicht selten ein jähes Ende, wenn der vorzeitig Entlassene seine alten Freunde und sein Clique wiedertrifft, die ganz andere Vorstellungen davon haben, wie man einen Tag verbringen kann.

Der günstigere Weg als die Fortsetzung der Ausbildung in einer externen Einrichtung besteht darin, einen vorzeitig Entlassenen seine Schul- oder Ausbildungsmaßnahme bei uns in der Anstalt fortsetzen beziehungsweise beenden zu lassen – das nennen wir Freikommer-Modell. Es bedeutet, dass derjenige nach der Entlassung täglich in die Haftanstalt zurückkommen kann, um weiter an seiner Ausbildung zu arbeiten oder am Unterricht teilzunehmen.

Auch dazu gehört allerdings eine relativ hohe Selbstverantwortung, um das Vorhaben wirklich im gewünschten oder erforderlichen Umfang bis zum Ziel durchzuhalten. Der Jugendliche muss also die nötige Entschlossenheit aufbringen und beibehalten, um jeden Morgen um 6.45 Uhr vor der Anstalt anzukommen und rechtzeitig an der Werkbank zu stehen.

Dass dieses Verantwortungsbewusstsein bei den vorzeitig Entlassenen keine Selbstverständlichkeit ist, zeigen die Statistiken: Nur 50 Prozent haben den Ehrgeiz und schaffen es wirklich, auf diese Weise ihre Ausbildung zu beenden. Der Rest scheitert an dieser Hürde – und zwar nicht irgendwann im Laufe der Zeit, sondern bereits in den ersten 14 Tagen bis drei Wochen nach ihrem Schritt zurück in die Freiheit.

Was zu der Frage führt, wie sich die vorzeitige Entlassung auf der einen Seite mit dem für den Entlassenen auf lange Sicht sehr wichtigen Abschluss einer Berufsausbildung auf der anderen Seite besser in Einklang bringen ließe. Ein Gedanke wäre sicherlich, dass man mit der vorzeitigen Entlassung die Verpflichtung verbindet, eine bereits begonnene Ausbildung tatsächlich bis zu deren Abschluss fortzusetzen. Geschieht das nicht in gewünschtem Umfang, würde die Entlassung zurückgezogen und die Haft müsste in ihrem vollen und ursprünglichen Umfang abgesessen werden.

Ich persönlich vertrete jedoch eine andere Meinung: Ich würde niemanden vorzeitig entlassen, der sich noch in einer solchen Ausbildung befindet. Wer in der Anstalt eine Qualifizierung begonnen hat, die in einem verbrieften Abschluss münden soll, der soll meiner festen Überzeugung nach auch bis zum Abschluss dieser Maßnahme in der Anstalt bleiben. Auf diese Weise ist gewährleistet, dass der begonnene Weg tatsächlich bis zu seinem Ende verfolgt wird. Nur so lässt sich das Ziel erreichen, das ja ursprünglich der Auslöser dafür war, dass dieser über Jahre andauernde Ausbildungsprozess überhaupt in Angriff genommen wurde: dass nämlich der Gefangene nach seiner Entlassung auch wirklich etwas Solides in der Hand hält, das ihm auf seinem weiteren Weg einen beträchtlichen Vorteil verschafft. Ohne dass ihm überhaupt die Chance gegeben wird, sich und seiner Zukunft selbst im Wege zu stehen.

Wenn wir schon nicht gänzlich auf die Möglichkeit der vorzeitigen Entlassung in Zusammenhang mit einer Berufsausbildung verzichten wollen, habe ich dazu folgende Empfehlung: Von mir aus kann der Inhaftierte direkt am Tag nach dem erfolgreichen Abschluss seiner Ausbildung die Anstalt verlassen, und er würde zusätzlich noch eine begleitende Unterstützung für die Suche nach einer passenden Arbeitsstelle bekommen.

Das wäre der richtige Weg, um einem ehemaligen Häftling den Weg in eine gesicherte Zukunft zu bereiten. Vertraut man dagegen weiter auf dessen Selbstverantwortung und darauf, dass derjenige den Rest seiner Ausbildung »draußen« selbst regelt, dann riskiert man weiterhin immer auch, dass selbst ein eigentlich motivierter Häftling nach der Entlassung durch die vielen Ablenkungen seines Umfeldes doch von dem eingeschlagenen Weg abweicht, sodass die Mühe der vielleicht schon mehrjährigen Ausbildung schließlich umsonst war – die Mühe der Gefangenen ebenso wie die der Ausbilder.

Leider muss ich aber sagen, dass es nicht realistisch ist, an eine Änderung des derzeitigen Verfahrens oder der Vorgehensweise in naher Zukunft zu glauben. Denn Richter sind unabhängig in ihren Entscheidungen. Und es gibt eben Jugendrichter, die aus Verbundenheit mit liberalem gesellschaftspolitischen Gedankengut nicht konsequent genug darauf schauen, welche Bedingungen jugendliche Straftäter tatsächlich benötigen, um sich wieder gut in die Gesellschaft integrieren zu können.

Das mag sich sehr negativ oder auch konservativ anhören, aber es geht hier im Endeffekt nicht um die Frage liberal oder konservativ. Ich drücke damit aus, was aus meiner Erfahrung die Realität ist und was sich daran ändern müsste, um wirklich langfristig wirksame Ergebnisse zu erzielen und die immer noch zu hohe Rückfälligkeit nach dem Jugendvollzug zu reduzieren.

Ich bin weit davon entfernt, den Hardlinern zuzustimmen, die schlicht und einfach härtere Strafen und einen härteren Strafvollzug fordern. Es geht darum, dass wir nicht nur in der Vollzugsanstalt etwas für die jugendlichen Gefangenen tun, sondern dass wir mitdenken und auch weiterdenken. Wir müssen mit dafür sorgen, dass sie nach der Entlassung in stabile Verhältnisse kommen, dass sie sich integrieren und auch integrieren können, damit sie nicht wieder rückfällig werden – wobei nicht zuletzt eben eine abgeschlossene Schul- oder Berufsausbildung wichtig ist.

Das muss bei allen Bemühungen immer mitbedacht werden, und das müssen auch die Jugendrichter bei ihren Entscheidungen bedenken. Es sollte niemand in der vagen Hoffnung entlassen werden, dass er vielleicht und eventuell draußen weiter an einer Ausbildungsmaßnahme teilnimmt oder sie fortsetzt.

Ich möchte den Schwarzen Peter aber nicht allein an die Richter oder die Fachleute außerhalb der Anstalt weiterreichen. Auch bei uns gibt es immer noch Punkte, an denen noch nicht alles wirklich optimal läuft. So glaube ich, dass wir in den Anstalten noch nicht gut genug darin sind zu identifizieren, ob ein Häftling wirklich dazugelernt hat. Damit meine ich nicht den reinen Erfolg der schulischen Maßnahmen oder der Berufsbildung. Es geht mir vielmehr darum, ob der Einzelne wirklich auch einen positiven Prozess der Persönlichkeitsentwicklung durchlaufen hat – dass er also kompetenter und bewusster aus der Anstalt rausgeht, als er es vor seiner Haftzeit gewesen war. Und dass wir diesen Prozess eben auch im Anschluss begleiten und weiter fördern. Es existieren bereits Modelle, die besagen, dass diese Menschen ein Coaching benötigen, eine kurze Leine, damit sie den Integrationsbemühungen nach der Entlassung nicht wieder entgleiten. Dass sie also nicht wieder mit ihren Kumpels auf ihre Partytouren gehen und aus der Situation heraus vielleicht unter Alkoholeinfluss andere Menschen malträtieren oder auf Raubzug gehen.

Ich bin Realist genug zu sagen, dass es sich dabei ein Stück weit um eine Vision handelt. Es steht außer Frage, dass so etwas nie zu 100 Prozent gelingen wird. Aber wir dürfen nicht weiter und für alle Zeit so unbedarft mit den Entlassungen und den Aufgaben des Vollzugs umgehen.

Dabei müssen wir auch betrachten, was denn der Begriff der vorzeitigen Entlassung eigentlich bedeutet, was er beinhaltet: Der Gefangene wurde ja anfänglich zu einem gewissen Strafmaß verurteilt. Nur weil einige positive Aspekte dafür sprechen, lassen wir ihn nicht diese gesamte vom Gericht entschiedene Zeit in der Haft verbringen, sondern entlassen ihn schon vorher wieder in die Freiheit. Wenn es aber nicht weniger wichtige Gründe gibt, die Ausbildung in der Anstalt fortzusetzen, dann sollte man ihn schlicht und einfach nicht vorzeitig wieder rauslassen – mit der Betonung auf »vorzeitig«.

Bei unserer Arbeit, und das kann ich nicht oft genug unterstreichen, muss es eben auch darum gehen, die Gefangenen für ihre Zeit nach der Haftentlassung zu stabilisieren. Wir dürfen uns nicht auf die Ungewissheit einlassen, die mit einem ungewissen Ausgang des Experiments der vorzeitigen Entlassung verbunden ist. Denn wenn das Experiment schiefgeht, bedeutet das auch, dass wir die Zeit in der Haft nicht effektiv genutzt haben. Bei den durchweg recht kurzen Haftzeiten ist es schließlich ohnehin schon schwer genug, diese Zeiten effektiv zu nutzen.

Das ist zudem nicht nur meine ganz persönliche Meinung, sondern auch ein Thema, das allgemein beschäftigt – Politiker unterschiedlicher Couleur vertreten ähnliche Ansichten.

Auch die Jugendrichter müssen trotz ihrer Unabhängigkeit irgendwann einmal verstehen, dass es den Jugendlichen nicht dient, wenn man sie für ein Experiment mit dem beschriebenen ungewissen Ausgang auswählt. Wichtiger ist es, den Jugendlichen zu beeindrucken – durch den Umstand der Verurteilung, durch die Haftzeit. Und ihm in dieser Zeit wirklich bei seiner Entwicklung zu helfen.

Aus meiner Erfahrung heraus ist das Bewusstsein über die notwendigen Standardprozesse, die konsequenten diagnostischen und planerischen Aspekte bezüglich der Integration nach der Entlassung auch bei den Entscheidern unserer Fachdienste in den Vollzugsanstalten noch nicht in dem notwendigen Maße ausgeprägt – also bei den Sozialarbeitern, den Sozialpädagogen oder den Psychologen. Anders gesagt: Was an Arbeit mit den Gefangenen geleistet wird, ist noch nicht im nötigen Ausmaß mit der Forderung verbunden, dass die Häftlinge nicht rückfällig werden sollen.

Ich bemerke immer wieder, dass nicht analytisch genug hingeschaut wird, ob sich bei einer Person etwas zum Positiven verändert hat. Man fragt sich nicht intensiv genug, ob ein etwaiger Fortschritt ausreichend stabil ist und ob man demjenigen wirklich mit gutem Gewissen eine positive Prognose stellen kann. Häufig wird die Stellungnahme zu einer vorzeitigen Entlassung vielmehr zu sehr aus einem Wunsch heraus geschrieben, sich nicht weiter jeden Tag mit den Drängeleien des Gefangenen beschäftigen zu müssen, bei denen es um Vollzugslockerungen oder eben die vorzeitige Entlassung geht.

Die Fachdienste lassen sich immer noch zu sehr auf Experimente bei solchen Forderungen und den damit verbundenen Stellungnahmen ein. Einfach deswegen, weil man sich den Job nicht zu nervig und zu beschwerlich machen will. Das ist zwar in gewissem Umfang legitim, darf aber nicht so weit gehen, der drängenden Beharrlichkeit der Inhaftierten auf Lockerung und vorzeitige Entlassung nachzugeben, weil die Auseinandersetzung mit den schwierigen Persönlichkeiten tägliche Schwerstarbeit mit sich bringt. Genau darauf haben sich nämlich alle Kolleginnen und Kollegen des Justizvollzuges bei ihrer Berufswahl eingelassen.

Aber auch fachliche, professionelle Standards sind bis heute noch nicht gut genug in der Praxis verankert. Es fehlt daran, dass wirklich gründlich und analytisch auf den Einzelfall geschaut wird. Welche fachlichen Ergebnisse und Fortschritte es also tatsächlich bei dem Gefangenen gibt. Das alles ist noch nicht hinreichend zu hochwertigen Prozessen mit Qualitätsstandards entwickelt worden, wie es eigentlich notwendig wäre. Produktentwicklung, Prozessoptimierung, Qualitätsmanagement und Controlling sind im Vollzug eigentlich noch Fremdwörter – Behördenleitungen und Fachvorgesetzte darin keine Fachleute. Der Vergleich zwischen Behörden und Wirtschaftsunternehmen hinkt zwar immer etwas. Es ist jedoch eher eine inakzeptable Geste der Hilflosigkeit, die nötige Qualitätsentwicklung mit diesem vorgeschobenen Argument immer wieder vom Tisch zu wischen. Natürlich müssen die Unterschiede der Systeme berücksichtigt werden, aber es gibt immer Optimierungs- und Entwicklungspotenziale, die die Behörde besser selbst in Angriff nimmt, als sich von außen immer wieder ihre Schwächen vorwerfen zu lassen. Dafür hatten wir in den Anstalten in den letzten Jahren genügend anschauliche Beispiele.

Auch an diesem Punkt gibt es unterschiedliche Sichtweisen, dessen bin ich mir bewusst. Und es wäre vermessen von mir zu behaupten, dass ich die optimale Lösung für alle Probleme wüsste.

Aber ich bin eben sehr überzeugt, dass wir die Prozesse und Strukturen zwingend optimieren müssen und können. Das geht los bei der klar definierten Aufgabenstellung an die Fachdienste. Es müsste deutlich mit Standards schwarz auf weiß beschrieben werden, was die Aufgaben und die dienstlichen Erwartungen im Detail sind. Denn das gibt es immer noch nur zum Teil, von Bundesland zu Bundesland in unterschiedlichem Maße.

Dahinter steckt auch ein stetiges Ringen mit den unterschiedlichen Ansichten und Vorstellungen. Frage ich die Sozialpädagogen, dann werden die natürlich erst einmal nicht zu streng mit sich selbst ins Gericht gehen. Wenn ich aber die Anstaltsleitung frage, welche Standards sie in deren behandelnder Arbeit sieht oder fordert, wird es zwischen diesen beiden Seiten und deren Ansichten eine Schere geben, sodass man sich am Ende auf einen Kompromiss zu verständigen hat.

Man vereinbart also beispielsweise nach dem Prinzip des partizipativen Ansatzes ein Ziel, das es bei der Arbeit zu erreichen gilt, überlässt den Weg dahin aber in gewissem Maße den Mitarbeitern und ihren individuellen Fähigkeiten.

Das aber darf nicht dazu führen, dass die Struktur zu verwaschen wird und das System auf dem Weg zerfasert. Es muss konsequent die Zielsetzung des Vollzugs im Blick behalten werden. Auch die Teilziele müssen identifiziert und ebenfalls die damit verbundenen Aufgaben definiert werden. Das sind die Standards, die es zunächst einmal zu klären gilt.

Das Zweite ist, dass man solche Vorgänge top-down durchstellen und auch kontrollieren muss. Wirtschaftsunternehmen könnten gar nicht anders erfolgreich sein. Von der Behördenleitung oben muss also klar sein, welche fachlichen Erwartungen es an die Fachdienste unten gibt. Dazu muss es eine Leitidee und die erwähnten Zielvereinbarungen geben, die genau benennen, was zu erbringen ist und welche Ressourcen dafür bereitgestellt werden. Ergänzend muss ein Qualitätsmanagement und ein Controlling eingerichtet sein, das immer wieder auch zyklisch hinschaut, wie gut die Mitarbeiter tatsächlich in der Erfüllung der Aufgaben und der Zielvereinbarung sind. All das ist notwendig, um besser zu werden.

Den dritten Faktor stellen die Fortbildungen dar: dass also auch die Mitarbeiter der Fachdienste immer wieder mit entsprechenden fachlichen Angeboten die Chance erhalten, ihre Kompetenzen zu erweitern.

Sicher gibt es auch heute schon Fortbildungsangebote. Die aber finden in aller Regel auf freiwilliger Basis statt. Man kann teilnehmen, wenn man es will – wer aber zu träge ist, der kann es auch lassen. Das ist aus meiner Sicht nicht hinreichend. Angebote, die fachliche Kompetenzen erweitern, sollten vielmehr verpflichtend durchgeführt werden. Weil sie unser gemeinsames Ziel unterstützen und fördern, dass wir Gefangenen nach ihrer Entlassung die bestmöglichen Voraussetzungen für ihre Integration in die Gesellschaft ermöglichen.

Quo vadis, Jugendvollzug: Fundamental anders? – Warum wir lernen müssen, dass Multimedia auch das Lernen verändert

Seit 2009 erleben wir im Berliner Jugendvollzug, aber auch bundesweit einen Rückgang der Belegungszahlen. Von über 600 Jugendgefangenen in Berlin hat sich die aktuelle Belegung auf knapp über 300 reduziert. Das klingt gut, hat aber auch nachvollziehbare Ursachen: höhere Wachsamkeit gegenüber Jugendkriminalität in Brennpunktgebieten, mehr präventive Polizeiarbeit und Jugendsozialarbeit, Diversion, das heißt Alternativmaßnahmen, vor Inhaftierung. Hinzu kommt aktuell ein demografischer Rückgang der relevanten Jugendjahrgänge. Für die Jugendstrafanstalten allerdings bedeutet dieser Belegungsrückgang auch eine gravierende Veränderung des verbleibenden Klientels. Denn: In Haft kommen nur noch diejenigen an, bei denen keine Haftvermeidung mehr möglich ist. Also schwerste Straftäter, Intensivtäter mit ständig wiederkehrenden Verstößen beziehungsweise Straftaten, Migranten ohne feste soziale Einbindung in der Stadt, gravierend dissozial auffällige Jugendliche und Heranwachsende. Was andererseits auffällt und vor diesem Hintergrund eigentlich paradox klingt, ist die Tatsache, dass sich auch die durchschnittliche Verweildauer in der Haftanstalt parallel reduziert hat: von 15 bis 18 Monaten noch vor zehn Jahren auf 12 bis 15 Monate heute. Auf die Verurteilungspraxis der Jugendrichter komme ich aber später noch einmal zurück.

Beschäftigten wir uns zunächst mit der Frage, wo unsere Bildungs- und Ausbildungsarbeit vor dem Hintergrund der aktuellen Belegungsentwicklung noch Notwendigkeit und Potenzial für Verbesserungen aufweist. In diesem Zusammenhang darf ein wichtiger Bereich nicht außer Acht gelassen werden: der Fortschritt. Mit dem neuen Jahrtausend hat unsere Welt angefangen, sich immer schneller zu verändern, sich ständig mit steigender Geschwindigkeit weiterzuentwickeln. Wir als Pädagogen bemerken das natürlich wie jeder andere Mensch auch, und wir versuchen uns in unserer täglichen Arbeit darauf einzustellen.

Doch ich glaube, dass wir dabei noch nicht weit genug gedacht und gehandelt haben. Wir müssen meiner Überzeugung nach anfangen, intensiv darüber nachzudenken, was die Erziehungsspezifika unserer heutigen Jugendlichen sind. Das ist natürlich mit einer wichtigen Frage verbunden: Kann man den Erziehungsbedarf von heute unreflektiert mit dem der Jugendlichen von vor 10 oder 15 Jahren gleichsetzen?

Ich glaube, das geht nicht. Die Jugendlichen haben mittlerweile durch den rasanten Siegeszug von Multimedia, sozialen Netzwerken und den allgegenwärtigen Smartphones einen völlig anderen Erziehungsbedarf. Dieses gesamte und sehr breite Themenspektrum beinhaltet damit auch einen neuen und veränderten Bildungsbedarf. Das alles haben wir überhaupt noch nicht professionell aufgearbeitet – nicht nur im Vollzug, sondern im Bildungswesen allgemein.

Für uns als Lehrer im Strafvollzug werden die Folgen der Veränderungen und der vielen neuen elektronischen Möglichkeiten besonders deutlich. Es steht natürlich außer Frage, dass ein Lehrer in einer Haftanstalt nicht vorrangig mit Lernenden zu tun hat, die der Bildungselite zugeordnet werden können. Das war so und wird sich wohl auch nicht ändern. Schon in den Achtzigerjahren, zu Beginn meiner Laufbahn, hatte ich es mit Jugendlichen zu tun, die nur in begrenztem Umfang mit Schrift und Sprache umzugehen wussten. Doch gerade das Sprachthema zeigt sich heute immer wieder auch in weiter verschärfter Form im Unterricht.

Anders ausgedrückt: Die Schrift- und Sprachkompetenz der Jugendlichen bei uns wird immer schlechter. Wenn ich eine beispielhafte Klassengruppe nehme, kann ich davon ausgehen, dass zwei Drittel der Schüler in dieser Klasse nur über erschreckend schlechte Fähigkeiten verfügen, einen Text zu lesen – und zwar so, dass dieses Lesen auch mit Verstehen des Geschriebenen verbunden ist. Das gilt natürlich in noch weiter verschärftem Maße, wenn es darum geht, selbst Texte zu verfassen.

Hintergrund für dieses weiter wachsende Problem ist die Tatsache, dass Kinder und Jugendliche nicht mehr gedrängt werden, auf ihre schriftsprachlichen Fähigkeiten Wert zu legen. Das gilt in gewissem Umfang ganz allgemein für die Kinder und Jugendlichen, ist in manchen Bevölkerungsgruppen jedoch besonders ausgeprägt. Statt ein Buch zu lesen, werden Videos auf den bekannten Internetportalen geschaut, werden tatsächlich Informationen in schriftlicher Form ausgetauscht, dann geht es dabei nicht um ausformulierte Sätze, sondern um Mitteilungen in einer typischen Online- oder SMS-Kürzel-Sprache.

Das Ergebnis dieser Entwicklung zeigt sich in der Form, dass speziell bei den Möglichkeiten des Ausdrucks durch das geschriebene Wort häufig schon eine Grauzone am Rande des schon erwähnten funktionalen Analphabetentums erreicht ist. Es fehlt also an Möglichkeiten, an einer schriftlichen Kommunikation in vielen Lebensbereichen und nicht zuletzt einem Arbeitsumfeld teilzunehmen.

Wenn ich sage, dass dies bei unseren Klassen auf bis zu zwei Drittel der Teilnehmer zutrifft, bedeutet das auch, dass damit häufig Jugendliche mit einem nicht deutschen Familienhintergrund gemeint sind, also Migrantenkinder. Aber es trifft nicht allein auf jene zu, die erst kürzlich zugewandert sind und daher kaum Berührung mit der deutschen Sprache hatten. Es geht auch um jene, die bereits in Deutschland die Schule besucht haben.

Zudem, und das möchte ich betonen, handelt es sich nicht um ein alleiniges Migrantenproblem. Ich nehme durchaus wahr, dass auch bei Jugendlichen aus deutschen Herkunftsfamilien diese Fähigkeiten immer weiter zurückgehen, auch sie haben ihre Probleme, wenn es darum geht, einen Text gut und flüssig lesen zu können, geschweige denn ihn schriftlich zu formulieren.

Meine Botschaft lautet daher: Weil sich die erzieherischen Herausforderungen in den letzten 15 Jahren so massiv durch

Smartphones, Facebook und die Computerisierung allgemein verändert haben, müssen wir die damit verbundenen Herausforderungen an uns und daraus entstehenden Aufgaben endlich in vollem Umfang identifizieren beziehungsweise sie in ein gutes pädagogisches Zielkonzept einfügen.

So muss man ansetzen, und man darf an dieser Stelle nicht stehen bleiben. Denn die Veränderungen hören ja nicht mit dem Heute auf, sie setzen sich fort und setzen unsere Jugendlichen immer weiter immer neuen prägenden Einflüssen aus. Daher müssen wir dort regelmäßig und genau hinschauen, um herauszufinden, welche Auswirkungen diese Einflüsse haben. Nicht zuletzt, weil die Kinder und Jugendlichen sicher auch in Zukunft wieder und weiter dazu gedrängt werden, die Vollständigkeit der Sprache zu reduzieren, um mit der sich beschleunigenden Kommunikation Schritt zu halten.

Dabei dürfen wir allerdings nicht allein auf unsere persönlich bevorzugten Kontaktformen zurückgreifen, wir müssen auch versuchen, den Sinn und Zweck dieser elektronischen Kontaktformen zu verstehen. Denn dass Jugendliche keine differenzierten Texte mehr produzieren, sondern nur retardierte Sprachelemente nutzen, hat aus deren Sicht ja durchaus einen Sinn. Schließlich geht es in der Kommunikation in erster Linie darum, sich untereinander zu verstehen. Man will miteinander kommunizieren, nicht mit den Eltern oder Lehrern.

Solche Sprachelemente werden daher auch im Sinne einer Abgrenzung oder Geheimsprache eingesetzt, weil der Rest der Welt diese Kommunikation nicht verstehen muss und vielleicht nicht einmal verstehen soll. Es reicht, wenn mich die Kumpels verstehen.

Das zeigt auch, wie wichtig es ist, dass wir uns auf die neuen Bedingungen einstellen und entsprechende Konzepte entwickeln, denn so eine Geheimsprache erschwert die Außenkommunikation. Wir sind aufgefordert, uns trotzdem in diese

Kommunikation einzuklinken, auch wenn die Gegenseite – also die Jugendlichen – unsere Teilnahme an der und das Verstehen der Kommunikation an sich als nicht sonderlich wichtig erachtet.

Diese sprachlichen Schwierigkeiten sind jedoch nur ein kleiner Ausschnitt dessen, womit wir uns zu beschäftigen haben. In Hinblick auf die Kriminalität und damit den Strafvollzug müssen wir uns auch die Frage stellen, wie weit der Einfluss des Neuen auf die gesamte Persönlichkeit eines heranwachsenden Menschen geht.

Eine neue Eigenschaft, die aus der Technik resultiert, findet sich darin, dass Smartphones oder die via Computer und Spielkonsole erzeugten virtuellen Welten weitreichende Gelegenheit zur Flucht aus der Wirklichkeit bieten. Ist die Realität gerade nicht sehr verlockend, wird das Eintauchen in eine Fantasywelt bevorzugt: Dort ist nicht derjenige der Held, der die Sprache besonders gut beherrscht, es reicht eine funkelnde Rüstung, die sich zudem noch recht leicht beschaffen lässt. Durch die Möglichkeiten der Flucht in das Virtuelle haben die Jugendlichen außerdem einen gewissen Trend entwickelt, nicht mehr den direkten persönlichen Kontakt zu anderen in den Vordergrund zu stellen – man kommuniziert eher über die Möglichkeiten, die Datennetze bereitstellen.

Und das bringt natürlich Gefahren für die Persönlichkeitsentwicklung mit sich. Das Bewegen durch die echte Welt, in der alle Sinne angesprochen werden, reduziert sich auf eine nur noch visuelle auditive Sensorik. Damit verbunden ist auch, dass wenig gefühlt wird. Zwar erzeugen auch virtuelle Welten Emotionen wie Freude. Insgesamt jedoch sind diese Gefühlswelten sehr reduziert: Das Virtuelle riecht nicht, es schmeckt nicht – es ist nur sichtbar und lässt über die Lautsprecher hören. Das führt je nach Intensität der Nutzung dazu, dass in gewisser Weise nicht mehr realisiert wird, wie andere Menschen Verletzungen wahrnehmen – physische wie psychische. Die möglichen Folgen zeigen sich bereits im Alltag: Wir wissen ja mittlerweile, dass es ein gewisses Mobbing über Handys oder soziale Netzwerke gibt.

Aber kehren wir an dieser Stelle wieder zurück in den Alltag des Justizvollzugs. Jeder Mensch, der den Alltag einer Stadt bewusst erlebt, der erlebt auch, dass Jugendliche mittlerweile fast schon mit ihren Smartphones verwachsen scheinen. Sie sind so fest in der digitalen Welt verwurzelt, dass es im Grunde unmöglich erscheint, diese Wurzeln zu kappen.

Es sei denn, sie werden straffällig. Denn aller Fortschrittlichkeit zum Trotz gibt es hinter den Mauern der Haftanstalten kein frei zugängliches Internet – und Handys beziehungsweise Smartphones sind verboten. Die Gründe sind klar: Missbrauch durch Verabredung von Fluchtplänen, Kontakt zu möglichen Mittätern und so weiter.

Das eigentlich Überraschende daran: Aus meiner Erfahrung habe ich nicht das Gefühl, dass die Gefangenen den vorübergehenden Verlust der Vernetzung mit einem Leidensdruck wahrnehmen oder sich eines wichtigen Werkzeugs beraubt sehen. In der Abgeschiedenheit einer Vollzugsanstalt können sie sich grundsätzlich damit arrangieren, dass sie kein Smartphone in ihren Händen halten und daher auch nicht mit ihren Freunden oder Bekannten kommunizieren können.

Wenn ich aber sage, dass sie sich damit arrangieren können, dann bedeutet das nicht, dass es sie wahrhaft glücklich macht. Der Wunsch, in Kontakt zu bleiben und mit den Menschen jenseits der Mauern telefonieren zu können, bleibt durchaus bestehen. Das verleitet dann immer wieder auch dazu, dass Gefangene sich illegal Handys in die Anstalt bringen lassen. Es handelt sich also nicht im Wortsinne um ein Leiden unter dem Verlust des Handys, sondern um ein Bedürfnis, das weiterbesteht.

Das führt im Endeffekt auch dazu, dass wir immer wieder Handys bei den Gefangenen finden. Handys und Drogen – das sind die beiden Waren, die vor allem in den Knast geschmuggelt werden. Bei den Jugendlichen geht es im Hinblick auf Drogen allerdings nicht um Substanzen wie Heroin oder Kokain – das ist für diese Gruppe von Inhaftierten viel zu teuer. Es dreht sich eher um Cannabis und Tabletten, also auch Designerdrogen.

Es versteht sich von selbst, dass das nicht in unserem Sinne ist. Drogen haben ebenso wie Handys nichts in einer Justizvollzugsanstalt zu suchen, sie sind verboten. Daher werden auch regelmäßig Urinkontrollen in extremem Umfang durchgeführt, um einem eventuellen Drogenmissbrauch auf die Spur zu kommen. Wenn ich »extrem« sage, dann bedeutet das in jedem einzelnen Monat Hunderte solcher Kontrollen. Die finden mal in Verdachtsfällen statt, in einer gewissen Regelmäßigkeit werden sie aber auch bei denen durchgeführt, die als Konsumenten aktenkundig sind.

Trotzdem: Dass Drogen oder vor allem Handys gefunden werden, ist kein Einzelfall oder etwas, das hin und wieder einmal vorkommt. Es ist vielmehr ein Umstand, den ich als eine tägliche Auffälligkeit bezeichnen möchte. Den Begriff »Auffälligkeit« habe ich durchaus mit Bedacht gewählt: Ich möchte damit ausdrücken, dass es nur in einem gewissen Ausmaß ein Problem für den Vollzug an sich darstellt.

Wir wissen, dass die Anstalt in diesem Zusammenhang nicht hundertprozentig sicher ist. Wir wissen daher also auch, dass die Gefangenen immer wieder Handys und auch Drogen bekommen beziehungsweise sie von Besuchern hineinschmuggeln lassen können.

Aus vollzuglicher Sicht haben wir mit dem Umstand, dass sich Handys in der Anstalt befinden, sicher ein hypothetisches Sicherheitsproblem. Ein Problem, das aber immer wieder diskutiert wird. Es gab in der Vergangenheit schon Überlegungen, die sich mit der Frage beschäftigten, warum wir die Gefangenen nicht einfach telefonieren lassen und ihnen also Handys zugestehen. Auch vor dem Hintergrund, dass wir es bisher eben ohnehin nicht geschafft haben, den Gebrauch der Mobiltelefone vollkommen zu unterbinden.

Bislang aber hat sich dabei immer noch unser Sicherheitsdenken durchgesetzt. Zu Recht, wie ich finde. Weil Handys beziehungsweise die unkontrollierte Kommunikation darüber natürlich zur Fluchtplanung und zu wie auch immer gearteten Absprachen genutzt werden können. Was nichts anderes bedeutet, als dass der Besitz eines Handys zulasten von Sicherheit und Ordnung in einer Haftanstalt geht, ja im Worst Case sogar zu massiven persönlichen Gefährdungslagen der Mitarbeiterinnen und Mitarbeiter im Justizvollzug führen kann. Ich stehe daher auch weiterhin dazu, dass Handys in einer Vollzugsanstalt nicht zugelassen werden sollten.

Aber es kommt eben immer wieder vor. Eine Zeit lang wurden bei uns die Handys sogar von außen über die Mauern auf das Gelände geworfen, die Gefangenen haben sie dann während des Hofgangs an sich genommen. Denn in weiten Bereichen kann man sich der Haftanstalt von außen sehr gut unauffällig nähern, da sie unter anderem von Kleingartenkolonien umgeben ist.

Wir haben die Anstalt daraufhin aber durch eine zusätzliche Innenzaunanlage so sicher gemacht, dass seitdem ein weit geringerer Anteil der über die Mauer geworfenen Handys tatsächlich die Gefangenen erreicht: Die Geräte landen überwiegend in einem abgeschlossenen Bereich und werden dann von den Bediensteten dort eingesammelt.

Was heute noch an Handys in die Anstalt gelangt, wird überwiegend von den Besuchern mitgebracht und während der Besuchszeiten übergeben. Dass wir dieses Problem kennen – und dass trotzdem immer noch und immer wieder Handys in die Anstalt gelangen, bedeutet jedoch keinesfalls, dass das Hineinschmuggeln ein Kinderspiel ist. Wir machen es den Inhaftierten oder deren Besuchern nicht gerade einfach. Natürlich finden immer wieder Kontrollen statt – und zwar sehr gründliche Kontrollen. Aber trotz aller Erfahrung, trotz des Wissens um die Risiken, sind die Kontrollmaßnahmen immer noch nicht bis in das letzte Detail optimal. Wollte man sie allerdings wirklich lückenlos perfektionieren, würde das auch zulasten der externen Besucher gehen, und zwar aller externen Besucher und nicht allein der Angehörigen der Gefangenen. Jeder Einzelne müsste sich beim Betreten der Haftanstalt einer äußerst intensiven Kontrolle unterziehen, die nicht nur unangenehm, sondern auch sehr zeitintensiv wäre.

Wenn ich allerdings vollkommen ehrlich bin, muss ich sagen, dass ich selber mich manchmal frage, wieso es eigentlich möglich ist, dass so oft etwas in die Anstalt geschmuggelt wird. Denn auch wenn die Kontrollen noch nicht absolut optimiert sind, gibt es ja schließlich Kontrollen. Schon dieser Umstand sollte eine gewisse Abschreckungswirkung haben. Die Antwort können aber am Ende nur die Sicherheitsexperten selbst geben.

Einmal allerdings hat es einen Versuch gegeben, mit dem man das Problem Handy wirklich und für alle Zeiten komplett aus der Haftanstalt verdrängen wollte. Der Gedanke hinter dem Versuch lautete in etwa so: Wenn wir es schon nicht verhindern können, dass diese Geräte in die Zellen gelangen, dann können wir zumindest etwas unternehmen, dass die Gefangenen damit nichts anfangen können. Dieser Versuch wurde im Jahr 2011 in Angriff genommen, weil damals bereits das Problem überhandnahm: In den sechs Jahren zuvor waren in allen Berliner Haftanstalten insgesamt nicht weniger als 4000 Handys gefunden und beschlagnahmt worden.

Daher wollte man sich nun an die Umsetzung eines Beschlusses machen, den der Senat der Stadt schon im Jahr 2009 gefasst hatte: Das »Gesetz zur Verhinderung des Mobilfunkverkehrs in Justizvollzugsanstalten« erlaubte auch den Einsatz sogenannter Handy-Blocker, die eine Kommunikation über die Mobiltelefone verhinderte.

Ein Pilotprojekt dazu wurde 2011 bei uns in der Jugendstrafanstalt Berlin eingeführt. Es wurden zunächst in einem Modellversuch Störsender installiert, die jegliche Mobilfunknutzung für einen Teilbereich der Anstalt unterbinden. Nach einer erfolgreichen Pilotphase sollte ein ähnliches Blockiersystem dann auch in den Vollzugsanstalten Tegel und Moabit zum Einsatz kommen. Erfolgreich getestet und eingesetzt wurde der Handy-Blocker zuvor schon in der JVA in Offenburg – doch die liegt, anders als unsere Berliner Knäste, nicht mitten in einer dicht besiedelten Stadt, sondern etwas abseits von bewohntem Gebiet. Was einen sehr wichtigen Unterschied darstellt: Denn in dem Berliner Gesetz stand auch der Satz, dass »Frequenznutzungen außerhalb der Grundstücksgrenzen der Justizvollzugsanstalten nicht erheblich gestört werden« durften.

Die Informationen zu dem bei uns getesteten Störsender besagten jedoch, dass damit im Umkreis von einem Kilometer jedes Mobilfunksignal gestört wurde. Was natürlich auch zu Protesten von außen führte: Wie gesagt ist die Jugendstrafanstalt von einem Kleingartenareal mit vielen Parzellen und damit auch vielen Handybesitzern umgeben. Zudem grenzt mit der Gedenkstätte Plötzensee eine Sehenswürdigkeit an die Anstaltsmauern, die täglich von Touristen aus aller Welt besucht wird.

Der Modellversuch ist noch nicht abgeschlossen. Die Ergebnisse und weiteren Einsatzentscheidungen bleiben daher noch offen, und wir jagen immer noch in weiten Teilen der Anstalt den eingeschmuggelten Handys nach.

Bildung statt Ausgrenzung – Nicht Migranten sind das Problem, sondern unser Umgang mit ihnen

Zum Ende dieses Buches möchte ich noch einmal über einen Kriminalfall und einen Häftling berichten, weil beide stellvertretend für eine Problematik stehen, die uns seit einigen Jahren sehr beschäftigt und deren Bedeutung weiter steigt. Im Mittelpunkt stehen dabei Migranten, der islamische Glaube und in Kombination damit auch fundamentalistische Tendenzen. Doch was ich zu diesem Themenbereich zu sagen habe, schlägt nicht in die Kerbe jener, die pauschal Zuwanderer verunglimpfen und einer Religion die Schuld an Problemen geben. Es ist eher umgekehrt: Die Probleme, von denen ich berichte, haben nicht zuletzt wir als Deutsche zu verantworten, und daher sind wir es auch, die eine Lösung zu suchen haben.

Wie ich schon in einem anderen Kapitel erklärte, haben wir in den Haftanstalten kein extremes Problem mit Rechtsradikalismus. Was wir dagegen durchaus haben, ist ein Problem mit einer Radikalisierung in fundamentalistischer Richtung. Auch das sollte aber nicht über- oder falsch interpretiert werden. Ich rede nicht von einem Fundamentalismus gläubiger Muslime, der sich durch eine Tendenz in Richtung terroristischer Aktivitäten ausdrückt. Es handelt sich vielmehr um eine allgemein kritische Grundhaltung gegenüber dem Westen und den Menschen, die nicht dem muslimischen Glauben anhängen. Etwas, dem wir in der Haft ebenfalls durch erzieherische Maßnahmen begegnen – oder zu begegnen versuchen.

Ein Beispiel für diese Grundhaltung und die Entwicklung im Allgemeinen war ein Gefangener, der im Jahr 2008 zu uns in die Jugendstrafanstalt kam. Sami Y. war 16 Jahre alt, und er hatte getötet. Nicht irgendwen – das Mordopfer war die Schwester des Jugendlichen.

Sami hatte die acht Jahre ältere Aylin verfolgt und beobachtet, wie sie in westlich knapper Kleidung Zigaretten rauchend mit jungen Männern flirtete. Als sich Aylin auf den Rückweg zu ihrer Wohnung machte, ging Sami auf sie zu, begrüßte sie kurz und rammte ihr dann ein Messer mehrmals in den Oberkörper, bevor er weiter zu einer Bushaltestelle ging und mit dem Bus davonfuhr, als wäre nichts gewesen. Aylin verblutete noch an Ort und Stelle, während ihre dreijährige Tochter im Kinderzimmer schlief.

Diese Tat zählt zu jenen, für die wir Deutschen das schreckliche Wort »Ehrenmord« verwenden. Sami hatte seine Schwester getötet, weil sie seiner Ansicht nach die Ehre der gesamten Familie beschmutzte – einfach weil sie ihr Leben so lebte, wie sie es wollte.

Dahinter verbarg sich eine familiäre Gemengelage, die für Außenstehende nur schwer nachzuvollziehen ist. Die Familie war in den frühen Achtzigerjahren aus einer sehr ländlichen Provinz im kurdischen Raum nach Deutschland gekommen – wie Tausende andere. Man lebte hier jedoch weiter nach den Regeln, die man aus der Heimat kannte. Im Laufe der Jahre wurden acht Kinder geboren, sechs Jungen und zwei Mädchen. Speziell für die Mädchen galt traditionell, dass sie sich ihren Ehemann nicht selbst aussuchen durften, das wurde vielmehr von der Familie entschieden. Mit der Folge, dass auch Aylin zwangsverheiratet wurde, als sie gerade 16 Jahre alt war.

Anders als viele ihrer Leidensgenossinnen wollte Aylin sich damit jedoch nicht abfinden. Sie brach aus ihrem fremdgeplanten Leben aus, trennte sich von ihrem Mann und passte sich dem westlichen Lebensstil an. Wozu auch gehörte, dass sie eine Ausbildung begann und als alleinerziehende Mutter lebte, die auf eigenen Beinen stand.

Für einen Teil der Familie galt dieses Handeln als unehrenhaft – nach dem, was wir wissen, sahen das vor allem der Vater und die älteren Brüder so. Was schließlich in der Ermordung der jungen Frau endete.

Bis heute gilt Sami zwar als Einzeltäter und er war auch der Einzige, der für diese Tat verantwortlich gemacht und schließlich verurteilt wurde. Doch es kursierten immer auch Gerüchte, dass hinter dem Mord eine gemeinschaftliche Entscheidung stand, an der die Brüder und der Vater beteiligt waren. Ebenso wird zumindest vermutet, dass Sami sozusagen vorgeschickt wurde, da er mit seinem Alter von 16 Jahren als Einziger noch unter das Jugendstrafrecht fiel und entsprechend eine weniger harte Strafe als ein Erwachsener zu erwarten hatte.

Tatsächlich wurden zunächst alle männlichen Mitglieder der Familie verdächtigt, dass sie in irgendeiner Form zumindest an der Planung der Tat beteiligt waren. Doch am Ende lief es darauf hinaus, dass Sami die Tat gestand und auch die gesamte Verantwortung dafür übernahm. Er allein habe entschieden, dass seine Schwester sterben müsse.

Nach dem Mord wurde über die Medien bekannt, dass Sami schon in den Jahren zuvor als Schüler dadurch aufgefallen war, dass er in Diskussionsrunden oder im Unterricht allgemein immer wieder seinen Glauben und auch die Ehrengesetze der Familie einbrachte – besonders dann, wenn es um die Rolle der Frau ging.

Sami wurde zu zehn Jahren Haft verurteilt und verbrachte die ersten Jahre davon bei uns in der Jugendstrafanstalt. Er zeigte sich zunächst wenig zugänglich für unsere Angebote. Auch innerhalb der Mauern stand er weiter dazu, dass seine Tat den richtigen Weg zur Rettung der Familienehre darstellte. Das hat er mir zwar nie persönlich gesagt. Doch seine gesamte Haltung drückte genau das aus.

Was schließlich auch dazu führte, dass Sami im Kreis der Gefangenen eine Sonderrolle einnahm, die deutlich zeigte, wie verbreitet seine fundamentalistische Haltung zu dieser Zeit schon war: Sami galt bei den übrigen Häftlingen nicht etwa als ein seltsamer Typ, der seine Schwester ermordet hatte. Vor allem die muslimischen Insassen verehrten ihn in gewisser Weise sogar als guten Muslimen, weil er mit seiner Tat die Familienehre gerettet hatte. Hinzu kam, dass Sami ein durchaus intelligenter junger Mann war, der sich auszudrücken und mit Worten durchzusetzen wusste, sodass er schließlich sogar zum Insassensprecher gewählt wurde und die Anliegen der Gefangenen gegenüber der Anstaltsleitung vertrat.

Ich selber hatte Kontakt zu Sami im Rahmen seiner Ausbildungsberatung und -begleitung, in deren Folge sich dann genau das zeigte, was ich meine, wenn ich von dem Problem fundamentalistischer Tendenzen im Vollzug spreche. Zeigte sich Sami zunächst noch wenig erreichbar für unsere Angebote, war er nach einer Weile doch gesprächsbereit. Er wollte eine Lehre als Tischler beginnen und tat das schließlich auch. Für uns war das natürlich zunächst ein positiver Schritt, der auch eine gewisse Öffnung uns gegenüber versprach. Das verstärkte sich danach sogar noch, weil Sami sich immer zugänglicher zeigte und auch Gespräche mit uns Ungläubigen zuließ.

Nur war diese Entwicklung von einem gewissen Zweifel meinerseits überschattet. Denn die vermeintliche Öffnung war immer auch mit der Vermutung verbunden, er gebe sich allein den Anschein eines Einlenkens, weil er damit die Hoffnung auf eine vorzeitige Entlassung verband.

Insgesamt habe ich rückblickend nicht wirklich das Gefühl, dass er zu einer Einsicht gelangte. Ich denke, er hat nie eingesehen, dass seine Tat verkehrt war. Und ich glaube nicht, dass wir bei Sami irgendein Überdenken seiner ablehnenden Grundhaltung erreicht haben. Das ist schlimm genug, aber dass ich diesen Fall als Beispiel anführe, sollte zu keinen falschen Rückschlüssen darüber führen, wie ich über Migranten denke und wie ich mir eine Lösung im Hinblick auf das Problem solcher fundamentalistischer Tendenzen vorstelle. Anders als gewisse Personen, die in den vergangenen Jahren mit ihren Theorien über ein Immigrantenproblem Schlagzeilen machten, sehe ich keinen Sinn darin, wenn wir immer mit dem Finger auf »die Ausländer« zeigen – der Finger sollte in erster Linie auf uns selber gerichtet sein. Weil wir eben selbst für viele der Probleme mitverantwortlich sind, die es zweifelsohne gibt.

Was natürlich nicht bedeuten soll, dass ich es gutheiße, wenn Menschen nur nach Deutschland kommen, weil sie von unseren Sozialmitteln ihr Leben finanzieren wollen, ohne einen Finger zu krümmen. Aber man muss immer noch einen Unterschied sehen zwischen solchen Zuwanderern und jenen, die zum Beispiel in ihrem Heimatland Verfolgung ausgesetzt sind und die daher asylberechtigt sind – das ist sicher wichtig und notwendig.

Worum es mir aber in erster Linie geht, ist die pädagogische Ebene und auf dieser Basis der Umgang mit den Menschen, die bereits bei uns leben. Auf dieser pädagogischen Ebene geht es darum, dass wir schauen, was für die Jugendlichen wichtig ist, die einen nicht deutschen Familienhintergrund haben. Und da steht außer Frage, dass Bildung wichtig ist.

Wenn wir wissen, dass diese Menschen auch in Zukunft hier leben werden, dass Deutschland ihr Lebensmittelpunkt bleiben wird, dann führt kein Weg daran vorbei, sie so gut wie möglich zu bilden. Dabei gibt es selbstverständlich keinen Anlass anzunehmen, dass es genetische Gründe gibt, die zur Folge haben, dass Migranten weniger lernen als deutsche Jugendliche, wie zu meinem großen Entsetzen zeitweise behauptet wurde. Das dürfte allen klar denkenden Menschen völlig bewusst sein. Die schlechteren Bildungsergebnisse in Stadtbereichen mit einem extremen Ausländeranteil sind in erster Linie durch die Lernbedingungen geprägt, auf die Kinder und Jugendliche dort treffen, in den Familien und in der Schule.

Wenn wir Fortschritte erzielen und die Situation positiv beeinflussen wollen, dann bedeutet das: Weg vom Rassismus, hin zu einer Bereitschaft mit den Menschen, den Migranten hochwertig pädagogisch zu arbeiten. Dafür erforderlich sind wiederum entsprechende Rahmenbedingungen, die auch gute Lernfortschritte möglich machen.

Was unter anderem eben auch zu einem weiteren Problem führt: Unsere Schulen sind zu diesem Zweck noch nicht gut genug aufgestellt. Von den Methoden her und auch im Hinblick auf die Ausstattung mit den erforderlichen Ressourcen. Das Lernen ist noch nicht in dem Maße individualisiert möglich, wie es die Schüler nötig haben. Ich erlebe immer wieder, dass beispielsweise Migrantenkinder in die Schulen aufgenommen werden, obwohl sie kein Wort Deutsch können. Sie kommen also in die regulären Klassen, ohne dass auf dieses Handicap Rücksicht genommen wird. Einfach in der Hoffnung, dass sie im Klassenverband schon ihre Deutschkenntnisse verbessern. Dazu kommt ergänzend dann noch ein klein wenig Deutschunterricht, der sie in die Lage versetzen soll, dem Unterricht zumindest in Grenzen folgen zu können. Tatsächlich sind sie davon durch ihre Sprachdefizite Universen weit entfernt. Es liegt auf der Hand, dass so etwas nicht funktionieren kann. Vielmehr hat diese Vorgehensweise eine schädliche Auswirkung auf die ganze Klasse, weil so der Fortschritt insgesamt verzögert wird.

Die Lösung besteht darin, dass die Angebote besser und zielorientierter werden müssen. Schüler mit schlechten Deutschkenntnissen und ungewissem Lernstand kann man nicht einfach in eine solche Klasse stecken, sondern man muss mit ihnen in kleinen Klassenverbänden oder Gruppen arbeiten. Dann wird man auch erfolgreich sein. Die Frage ist allein die, wie viel Geld wir in die Hand nehmen wollen, um solche Konzepte umzusetzen. Wenn wir aber davon ausgehen, dass Bildung eines der höchsten gesellschaftlichen Güter ist, dann muss man auch die nötigen Ressourcen bereitstellen, um Bildung für alle Bevölkerungsgruppen zu verwirklichen.

In der Vergangenheit hat es aus meiner Sicht einige wirklich katastrophale Fehlentwicklungen im Bildungssystem gegeben – und es gibt sie immer noch. Denn bekanntlich liegt Deutschland im europäischen Vergleich nicht so weit vorne, wie es unser Selbstverständnis eigentlich vermuten lassen sollte. Auch wenn wir in der PISA-Studie zuletzt aufholen konnten.

Wenn es um die Bildung für Kinder und Jugendliche mit Migrationshintergrund geht, darf allerdings die Schuld an Fehlschlägen nicht allein dem Bildungssystem zugeschoben werden. Nach meinen Erfahrungen aus dem Vollzug kommt erschwerend hinzu, dass gerade in den Metropolen die Gettoisierung sehr problematisch ist. Migrantenfamilien sind immer noch auf einige Stadtteile dermaßen konzentriert, dass regelrechte Parallelwelten entstehen. Lebenswelten, die dazu führen, dass man nicht die deutsche Gesellschaft mit ihrem politischen System und nicht zuletzt auch ihrem Frauenbild als Leitidee hat, sondern dass man nach den traditionellen kulturellen Bräuchen und Normen lebt, die man aus den Heimatländern kennt.

Ich verlange von niemandem, dass er seine eigene Kultur verleugnet. Aber das Gesellschaftsbild muss sich öffnen für die bei uns geltenden Werte und Normen.

Die vorrangige Frage aber ist, wie man diese Parallelwelten auflöst. Ich sage: Die Parallelwelten überwindet man, wenn man diese Gettoisierung bekämpft. Ich nehme wie gesagt seit Jahren schon wahr, dass die Jugendlichen in der Haftanstalt viel zu sehr in ihren traditionellen und familiären Denkweisen verhaftet sind, dass sie sich nicht öffnen. Daran muss man arbeiten. Es nützt jedoch wenig, wenn man nur mit den Jugendlichen über diese Themen spricht. Um wirkliche Fortschritte zu erzielen, müssen die Familien der jungen Gefangenen miteinbezogen werden. Unterlässt man das, wird sich kaum etwas ändern. Denn wenn die Jugendlichen nach der Haft in ihre Welt zurückkehren in das, was wir den sozialen Empfangsraum nennen, dann kehren sie auch zurück in den Schoß solcher Weltbilder.

Die Alternative kann nur ein intensiver Bildungsprozess sein, der sehr zielgerichtet unsere gesellschaftspolitischen Werte auch in diese Bereiche und diese Lebenswelten transportiert. Wozu natürlich eine entsprechende Ausstattung nicht zuletzt mit den finanziellen Ressourcen notwendig ist.

Gleichzeitig dürfen wir nicht nachlassen, mit den Jugendlichen selbst zu arbeiten. Wir müssen schauen, wo genau ihre Probleme liegen – und wir müssen die Zeit haben, uns damit zu beschäftigen. Sodass wir nicht zuletzt auch ihre Bildungsdefizite methodisch angehen und abarbeiten können. Genau dafür bleibt jedoch derzeit nicht genügend Raum übrig.

Im Endeffekt ist beides entscheidend – die Bildung wie auch die Sozialpolitik. Mit Sicherheit wird man nicht von heute auf morgen erfolgreich sein. Aber ein erster Schritt wäre gemacht, wenn das Bewusstsein für die Notwendigkeit dieses Vorgehens Raum greift.

Es gibt immer so viele Wenns und Abers, die in diesem Zusammenhang ausgesprochen werden. Was dann nach einer Diskussion doch wieder nur dazu führt, dass man sich nicht einigen kann auf eine konzertierte Aktion. Insgesamt gehen wir mit dem Thema sehr hilflos um: Wir agieren nicht, wir reagieren vielfach einfach nur hilflos. Und wenn es im Hinblick auf eine wie auch immer geartete Migrantenproblematik etwas gibt, das sich ändern muss, sollten wir genau an diesem Punkt ansetzen.

Schlussbemerkung

In meinen 30 Jahren als Lehrer im Justizvollzug habe ich Hunderte junge Menschen unterrichtet. Die meisten von ihnen sah ich nach ihrer Entlassung aus der Haft nie wieder. Einige wenige kehrten nach einer Weile in der Freiheit wieder zurück in die Vollzugsanstalt, weil sie wegen eines weiteren Deliktes erneut verurteilt wurden – solche Stammkunden gab es immer und wird es wohl auch immer geben. Ein guter Teil der Gefangenen schaffte jedoch den Weg zurück in die Gesellschaft.

Einer von ihnen war Georg. Der Junge, der mit seinem Freund Robert in den frühen Achtzigerjahren eine Mitschülerin vergewaltigt und ermordet hatte. Georg saß seine zehnjährige Jugendstrafe in vollem Umfang ab. Vor allem aber: Er nutzte diese Zeit. Georg schaffte den Hauptschulabschluss und er machte eine Lehre als Koch.

Ich hatte seinen Namen fast schon vergessen, als ich im vergangenen Jahr mitten auf dem Potsdamer Platz in Berlin von einem mir unbekannten und knapp 50-jährigen Mann angesprochen wurde. Mir sagte das Gesicht anfangs nichts, doch er erkannte mich auch nach all den Jahren und Jahrzehnten auf den ersten Blick wieder. Georg berichtete mir, dass er seine Kochlehre in der Haft abgeschlossen hatte und die Chance dieser abgeschlossenen Berufsausbildung nach seiner Entlassung auch zu nutzen gewusst hatte. Er war sich der schrecklichen Tat aus seiner Jugend und seiner persönlichen Schuld durchaus bewusst. Doch seit seiner Entlassung ist Georg kein einziges Mal mehr in Konflikt mit dem Gesetz geraten. Er arbeitet in einem angesehenen Berliner Restaurant als Koch und hat eine Familie gegründet, die er von Herzen liebt.

Solche Momente sind es, die mir zeigen, wie wert- und sinnvoll das Arbeiten an Bildung und Ausbildung im Justizvollzug ist. Unsere Maßnahmen haben einen sicher nicht geringen Anteil daran gehabt, dass die Resozialisierung in diesem und unzähligen anderen Fällen funktioniert hat.

Daher appelliere ich an alle selbst ernannten Hardliner und auch an die Rädelsführer der Stammtische: Es ist zu einfach, immer nur härtere Strafen zu fordern und sich keinerlei Gedanken über Alternativen zu machen – über einen gewiss anstrengenden, aber im Endeffekt deutlich wirkungsvolleren Weg. Wir dürfen in unseren Bemühungen nicht nachlassen, den Inhaftierten Bildung und Ausbildung anzubieten, mit ihnen gemeinsam Fortschritte zu erzielen und sie auf einen neuen, einen richtigen Weg zu führen. Wir müssen diese Anstrengungen vielmehr ausweiten, sie perfektionieren.

Auch manchem Jugendrichter, Sozialarbeiter oder Anwalt möchte ich mitgeben: Wacht doch auf! Die vorzeitige Entlassung eines Straftäters zu fordern mag sich wie ein humanes Werk anfühlen. Doch auch hier ist Weiterdenken notwendig. Wir alle wollen, dass Gefangene nicht rückfällig werden. Dafür aber müssen wir ihnen etwas an die Hand geben. Eine Chance für eine erfolgreiche sowie vor allem straffreie Zukunft – und es gibt keine bessere Chance als einen Schulabschluss oder eine abgeschlossene Berufsausbildung, die auf dem Arbeitsmarkt Türen öffnet.

Nicht zuletzt sage ich auch zu den Ausländerhassern und Migrationskritikern: Wacht auf! Ständiges Wiederholen der immer gleichen Vorurteile hilft niemandem. Weder dem, der die Vorurteile ausspricht, noch dem, an dessen Adresse sie gerichtet sind. Ja, es gibt in bestimmten Stadtteilen mit hohem Migrantenanteil Bildungsprobleme. Ja, es gibt Probleme mit fundamentalistischen Tendenzen bei Jugendlichen. Aber diese Probleme verschwinden nicht, nur weil wir sie in Form eines Vorwurfs aussprechen. Auch die Migranten selbst werden nicht verschwinden – das sollen sie auch nicht. Sie wollen und sollen in unserem Land leben, wir brauchen gute Fachkräfte auf unserem Arbeitsmarkt. Aus den eigenen Reihen haben wir nämlich bei allen Anstrengungen nicht genug davon, was auf ein Bildungsproblem generellerer Art in unserer ach so hochzivilisierten, potenten bundesrepublikanischen Gesellschaft verweist, welches wir selbst noch nicht wirklich in den Griff bekommen haben.

Wenn wir die bestehenden gesellschaftlichen und sozialen Problemfelder lösen wollen, dann müssen wir sie noch effizienter anpacken. Wir sind gefordert, wir müssen nach Lösungsvorschlägen suchen – und mit »wir« meine ich alle Menschen, die in diesem Land gemeinsam leben wollen.

Der Justizvollzug ist immer ein kleines Spiegelbild unserer Gesellschaft, ein Mikrokosmos, der abbildet, was wir im Detail gesellschaftlich noch nicht wirklich in den Griff bekommen haben. Dort landen nicht allein unverbesserliche »Verbrecher«. Es landen dort auch vielfach diejenigen, die keine Chance hatten, aus der Tretmühle ihrer Biografie herauszukommen, die problematische Lebenssituationen nicht aus eigener Kraft meistern konnten und deshalb gescheitert sind.

Anstatt über sie den Stab zu brechen, sollten wir lieber hinschauen, was uns diese Biografien und die Werdegänge der Menschen über den Handlungsbedarf sagen, dem wir uns stellen müssen, um unseren gesellschaftlichen Makrokosmos für viele befriedigender einzurichten.

8,-